About Access Archaeology

Access Archaeology offers a different publishing model for specialist academic material that might traditionally prove commercially unviable, perhaps due to its sheer extent or volume of colour content, or simply due to its relatively niche field of interest. This could apply, for example, to a PhD dissertation or a catalogue of archaeological data.

All *Access Archaeology* publications are available in open-access e-pdf format and in print format. The open-access model supports dissemination in areas of the world where budgets are more severely limited, and also allows individual academics from all over the world the opportunity to access the material privately, rather than relying solely on their university or public library. Print copies, nevertheless, remain available to individuals and institutions who need or prefer them.

The material is refereed and/or peer reviewed. Copy-editing takes place prior to submission of the work for publication and is the responsibility of the author. Academics who are able to supply print-ready material are not charged any fee to publish (including making the material available in open-access). In some instances the material is type-set in-house and in these cases a small charge is passed on for layout work.

Our principal effort goes into promoting the material, both in open-access and print, where *Access Archaeology* books get the same level of attention as all of our publications which are marketed through e-alerts, print catalogues, displays at academic conferences, and are supported by professional distribution worldwide.

Open-access allows for greater dissemination of academic work than traditional print models could ever hope to support. It is common for an open-access e-pdf to be downloaded hundreds or sometimes thousands of times when it first appears on our website. Print sales of such specialist material would take years to match this figure, if indeed they ever would.

This model may well evolve over time, but its ambition will always remain to publish archaeological material that would prove commercially unviable in traditional publishing models, without passing the expense on to the academic (author or reader).

Archaeopress Access Archaeology

Oikèma ou pièce polyvalente : recherches sur une installation commerciale de l'Antiquité grecque

Pavlos Karvonis

Access Archaeology

ARCHAEOPRESS PUBLISHING LTD
Summertown Pavilion
18-24 Middle Way
Summertown
Oxford OX2 7LG

www.archaeopress.com

ISBN 978 1 78491 939 9
ISBN 978 1 78491 940 5 (e-Pdf)

Printed and bound in Great Britain by
Marston Book Services Ltd, Oxfordshire

Sommaire

Liste des figures

Avant-propos

Ce livre est issu de ma thèse de doctorat, intitulée « Lieux et locaux de vente dans la Grèce égéenne du IVe au début du Ier siècle av. J.-C. » et soutenue à l'Université de Paris X – Nanterre en décembre 2004.

Bernand Holtzmann, Jean-Charles Moretti, Véronique Chankowski et Nota Kourou ont depuis longtemps suivi mes travaux ; leur enseignement, leurs conseils et leur exemple m'ont amené à aimer l'archéologie grecque. J'espère qu'ils savent à quel point je leur suis reconnaissant.

Je tiens à remercier le Secrétaire Général de la Société Archéologique d'Athènes, Vassileios Petrakos, qui a toujours encouragé et soutenu mes activités scientifiques.

Ma collaboration avec Jean-Jacques Malmary a été décisive dans le développement de ma pensée et dans le choix du sujet de ce livre. Je le remercie pour son aide et pour son amitié.

Je dois beaucoup à l'enseignement de Michel Sève, ainsi qu'à ses remarques lors de ma soutenance de thèse. Mes remerciements vont aussi à Dominique Mulliez, ancien directeur de l'Ecole française d'Athènes, qui m'a accueilli aussi bien à la bibliothèque d'Athènes que dans le site de Délos. Je remercie également Alexandre Farnoux, directeur de l'Ecole française d'Athènes, qui a continué à soutenir mes travaux à Délos et a toujours encouragé ma collaboration avec l'Ecole.

Plusieurs chercheurs ont facilité mon travail sur les différents sites que j'ai visités : Panayiotis Chadzidakis à Délos, Charalambos Sigalas à Théra, Maria Akamati et Ioannis Akamatis à Pella, Fani Athanasiou à Olynthe, Wolfgang Radt à Pergame, Wulf Raeck et Alexander von Kienlin à Priène et Volkmar von Graeve à Milet.

Pendant toutes ces années j'ai bénéficié de l'aide de chercheurs et d'amis qui ont bien voulu discuter de différentes questions avec moi, m'accompagner sur tel ou tel site, me faire des suggestions intéressantes et m'encourager. Je pense notamment à Vyron Antoniadis, Emmanuelle Benchimol, Béatrice Blandin, Hélène Brun, Andrzej Chankowski, Cécile Durvye, Myriam Fincker, Orestis Goulakos, Gaël Saint-Georges, Philippe Jockey, Kostas Kalogeropoulos, Irène Sanchez, Frédéric Siard et Vasilis Skoulas.

J'aimerais enfin remercier mes parents et mon frère. Ce que je leur dois est au-delà de ce que je pourrais exprimer et c'est pour cette raison que ce livre leur est dédié.

English summary

Oikema or multi-purpose room: research on an ancient Greek commercial facility

The present book studies the most common commercial facility in the Greek world, usually called "shop" in modern publications. In the ancient literary and epigraphic sources however, there are many different names for this facility. The most suitable of which seems to be *oikema*, since it does not point to a specific activity. This book analyses the evolution of the use of *oikema* from its appearance in the Archaic period to its full development in the Hellenistic period.

The main sources for the study of this structure are the literary and epigraphic texts and the material remains, mostly buildings and artefacts. Commercial buildings, in general, have largely been neglected in handbooks on Greek architecture. What is usually mentioned are shops related to stoas surrounding the agoras of the Hellenistic period, while private commercial facilities are rarely taken into account. In more recent publications, especially those concerning the equipment of the agora as a market place, researchers tend to focus more on commercial facilities, both public and private. In most publications on domestic architecture private commercial facilities are briefly mentioned, although there are some detailed studies in more recent publications.

In the first chapter of this book a modern terminology for places and buildings where commercial activities were held is proposed. A definition for terms such as shop, workshop, commercial building, warehouse, storeroom and *oikema* or multi-purpose room is given in an effort to describe each facility as precisely as possible.

The problem of the definition of these facilities existed in Antiquity as well, but the ancient vocabulary was vague. Market places were usually called *agoras*, but this term had the much larger meaning of a place devoted to political, religious and cultural activities. An adjective with the suffix -πωλις or the name of the product sold were sometimes used to underline the commercial character of the agora. For example, there are terms such as γυναικεία ἀγορά (i.e. women's market place), or ἀγορά ἱματιόπωλις or σπειρόπωλις, (i.e. the market place for clothing). In some other cases the names of the products sold, such as ὄψον (i.e. fish), or ἔλαιον, (i.e. olive oil), were used to define the various sectors of the market place. Other terms, such as ἐμπόριον, ἐξαίρεσις and δεῖγμα were used to describe the market place devoted to international commerce, the place of the port where merchandise was unloaded and the place where merchandise was exposed. The terms used to describe buildings related to a commercial or industrial activity were of two kinds: general and precise. The general terms, such as ἐργαστήριον, πωλητήριον, πρατήριον, καπηλεῖον and ἀποθήκη (i.e. workshop, shop, tavern and storeroom) indicate a commercial or industrial activity without any further precision. The term ἐργαστήριον especially, was often used to describe any commercial facility and not only the industrial ones. The word οἴκημα (i.e. room, chamber) is also used to describe commercial or industrial facilities. The use of words formed with the suffixes –εῖον or –ποιεῖον and the name of the product that was fabricated and –πώλιον or –πωλεῖον and the name of the product that was sold allowed to be more precise concerning the activity of a structure. There are also terms that reveal the exact nature of the activity of the building, such as πιθών (i.e. cellar).

In the archaeological context, the identification of *oikemata* is based on the observation of the architecture and location of the securely identified shops and workshops. Shops can be identified by the presence of large quantities of products which had not been produced at the same place, as well as storage vessels, weights and measures. Workshops can be identified by the discovery of industrial facilities, unfinished products, raw material and tools. In most cases, workshops are easier to identify, because of the more characteristic nature of their remains.

Oikemata can be described as isolated rooms, which sometimes communicate with each other or with another building. Some have a rear or side room. Their plan is simple, usually square or rectangular and their dimensions vary. *Oikemata* belonging to stoas are located behind the gallery of the stoa or against its back wall. *Oikemata* are usually located along the main street of a city, in or around the agora and sanctuaries, around crossroads, close to the city wall gates and to the port.

Excavations have provided evidence for a large number of industrial and commercial activities in *oikemata*, such as mill houses, purple dye workshops, potters' and coroplasts' workshops, stone-cutters', marble workers' and sculptors' workshops, metal workers' workshops, workshops producing musical instruments and glass working workshops. Most of the securely identified shops are related to the sale of food or wine, often sold together. There were also shops selling olive oil, cereals, meat and fish. Other shops, selling bronze, glass, colours, perfume and pottery have been identified.

The observation of the securely identified *oikemata* allows drawing a list of criteria for the identification of those which have not produced any conclusive finds. Their location and relationship with the neighbouring buildings is one of them. These rooms are located around agoras, sanctuaries and public squares, along streets and close to ports. They are associated with public, private, associative and cult buildings. Most of the shops and workshops located around agoras occupied *oikemata*, often associated with stoas or commercial buildings surrounding the market places. The rooms around public squares, around crossroads and along the streets are mostly associated with houses or other private and associative buildings. In most of the cases, *oikemata* tend to concentrate along the main streets of the city, often leading to the agora or to a sanctuary. The rooms located close to the port are usually associated with stoas and commercial buildings.

The plan of *oikemata* is generally quite simple, square, rectangular, trapezoidal or irregular. They sometimes communicate with a rear or side room. Rooms associated with stoas have a more regular plan compared to those associated with other types of buildings and they often have rear rooms. The materials used for the construction of these rooms, as well as building technique, vary considerably. In general, building quality of the rooms associated with public buildings is better than the quality of the rooms associated with private buildings. The materials used depend on proximity and availability. There were two main building techniques: the use of mud bricks on a stone base, which was more common in Athens, Thasos and Olynthus, and the use of stone, in cities like Delos, Priene and Pergamon. Rooms associated with public buildings were usually stone built. The walls were usually covered with plaster and their floor was made of packed earth.

The dimensions of *oikemata* vary a lot. In cities like Olynthus, Pergamon, Priene and Delos, where a large number of rooms has been excavated, the average surface is 24,90 m^2, 15,30 m^2, 16,45 m^2 and 23 m^2 respectively. The height of some well-preserved rooms varies from 3 to 4,30 m and their volume from 13 to 163 m^3.

From a commercial point of view, the most important part of *oikemata* is their front. Its main feature is the door, usually single, but when the room is located at a crossroads, there sometimes are two doors. Generally, the width of the door varies from 1 m to 1,70 m, but in Delos, there are doors measuring from 2 to 3 m. Doors usually had two leaves, but some Delian doors had three or four leaves. Windows and other openings are rare and are mostly found in *oikemata* associated with stoas. *Oikemata* were usually located at street level, but when they were at a lower or higher level, they were accessible by steps. In Delos, there were stone benches in front of the door, used for the display of merchandise. The windows of the rooms of some stoas also served the same purpose.

The equipment of the interior of *oikemata* was limited. In some cases, we find niches in the walls, used to house lamps or statuettes of gods.

Hydraulic facilities are relatively rare in *oikemata*. In most cases, they were not related to the function of the rooms, with the exception of taverns, where a water reservoir was often used as a refrigerator. Wells are by far the most common facility, but there also are some cisterns. Sometimes these facilities belong to an earlier or later phase when the room did not have a commercial use.

Some of the *oikemata* of Delos were equipped with mezzanine floors, with an average surface of 13,30 m^2.

One of the main characteristics of *oikemata* were the rearrangements, destined to change their function, plan and equipment or their relationship with the adjacent structures. Rearrangements were more common in private rooms. In some cases, living rooms were transformed into commercial spaces, while the opposite could also occur. The equipment of *oikemata*, such as doors and mezzanine floors, was also susceptible to change.

According to the testimony of written sources, these rooms belonged to the city, a sanctuary, a king, private individuals or associations of individuals. Construction was financed either by the city or the sanctuary itself or by a rich benefactor, who offered the building to the institution with which these rooms were related. The benefactor could be a rich citizen or even a Hellenistic king. Possession of *oikemata* or buildings containing *oikemata* was profitable to the owner since these rooms could be rented out. Inscriptions mention a large number of sanctuaries having their own *oikemata*, such as the sanctuary of Apollo in Delos, the sanctuary of Apollo in Didyma and the sanctuaries of Zeus in Pergamon. Literary and epigraphic sources mentioning *oikemata* belonging to private individuals are rare. When there is no written source available, one should turn to the architecture and location in order to determine the owner of the structure. *Oikemata* related to stoas or to sanctuaries and associative buildings are considered to have belonged to the city, to a sanctuary or to the members of an association. Rooms occupying the facades of private houses must have belonged to private individuals, but not necessarily the owner of the house. As a general rule, private structures are more irregular and present more rearrangements than the public and associative ones.

The written sources contain information about the use and maintenance of *oikemata*. These rooms were rented out or even sold and texts inform us about the conditions of rent, the obligations of the owner or the tenant and even the use of the money of the sale or the rent. Public facilities were maintained by the city or the sanctuaries to which they belonged, while the maintenance of private facilities was the responsibility of the owner or the tenant.

According to the present knowledge, *oikemata* appeared in the Archaic period in Corinth and Smyrna. At that time, merchants and craftsmen began to use a specialised facility rather than their houses as their working place. From the 4th c. BC onwards, *oikemata* became the most common commercial facility in the Greek world. Their architecture did not change during that period and only those of Delos present different features, with the presence of large openings and mezzanine floors. The characteristics of these rooms corresponded perfectly well to the needs of Greek commerce, with the frequent change of tenants.

Introduction

Ἐργαστήριον, πωλητήριον, καπηλεῖον, οἴκημα, voici quelques appellations antiques de l'installation commerciale la plus répandue et la plus caractéristique du monde grec. Il s'agit de la boutique ou, comme on proposera d'appeler cette installation, de la *pièce polyvalente*. Sans jamais le décrire, les textes permettent de comprendre l'importance économique et sociale de ce local, qui pouvait être à la fois un lieu de production et de vente, un point de rencontre, un bien immobilier précieux et même un habitat.

Ce travail est consacré à cette installation, dont nous avons essayé de suivre l'évolution depuis son apparition, à l'époque archaïque, jusqu'au Ier siècle av. J.-C., quand les guerres entre Mithridate et Rome[1] ont entraîné la destruction de centres commerciaux très importants, comme Délos et Athènes, en 88 et en 86 av. J.-C. et l'appauvrissement des cités d'Asie Mineure, qui ont dû payer à Rome vingt mille talents d'indemnités de guerre.[2]

Les sources

Les sources qui nous permettent d'aborder ce sujet sont les textes antiques, les représentations iconographiques et les vestiges de monuments.

Les sources écrites, c'est-à-dire les inscriptions et les textes littéraires, permettent de connaître le vocabulaire que les Anciens employaient pour désigner les pièces polyvalentes. Elles nous renseignent aussi sur leur localisation et sur leur destination ; les activités les plus souvent attestées par les sources écrites, sont la production artisanale, la vente et le stockage, ce qui confirme la polyvalence des pièces. Nous apprenons aussi quels produits y étaient fabriqués et vendus. Les textes nous font également connaître le propriétaire des pièces polyvalentes, qui pouvait être une cité, un sanctuaire, une association ou un particulier. Ils fournissent de précieuses informations sur leur gestion et plus précisément sur les conditions de vente ou de location. Ils nous donnent enfin quelques renseignements sur leurs modes de construction et sur leur entretien.

Malgré l'abondance des sources écrites, leur étude présente quelques difficultés. Les mentions d'installations artisanales et commerciales dans les textes sont fréquentes, mais elles sont rarement suivies de détails concernant leur localisation exacte, et, encore moins, leur configuration architecturale. Par conséquent, il n'est pas toujours aisé de reconnaître les vestiges des pièces polyvalentes dont on possède des mentions littéraires. C'est un inconvénient majeur, puisque nous sommes obligés de nous fier presque exclusivement à l'archéologie pour identifier ces locaux sur le terrain. De plus, les sources littéraires concernent essentiellement Athènes et nous n'avons pratiquement pas de renseignements sur des sites importants pour cette étude, comme Olynthe ou Pergame.

En ce qui concerne les inscriptions, il y a parfois un écart chronologique entre les textes et les vestiges. Le cas des inscriptions de Délos est caractéristique : les textes qui nous renseignent sur les « maisons sacrées » appartenant au sanctuaire d'Apollon datent de l'époque de l'Indépendance de l'île (314-167 av. J.-C.), alors que la ville fouillée date de la fin du IIe siècle av. J.-C. Il est donc quasiment impossible de mettre en rapport les inscriptions avec les constructions dégagées.

---

[1] Mithridate VI Eupatôr, roi du Pont, s'est opposé quatre fois à Rome entre 89 et 63 av. J.-C. (89-85 av. J.-C., 83-81 av. J.-C., 74-67 av. J.-C. et 66-63 av. J.-C.).

[2] Il s'agit surtout d'Adramyttion, Clazomènes, Éphèse, Milet, Pergame, Tralles et peut-être Phocée (*CAH* IX, p. 162-163 ; ROSTOVTSEFF 1941, p. 669 ; GREEN 1990, p. 564).

Contrairement aux sources écrites, les représentations iconographiques des locaux de production et de vente ne sont pas nombreuses. Elles comprennent surtout des vases figurés, ainsi que quelques figurines en terre cuite. Les scènes de production sont plus nombreuses que celles de commerce et représentent le plus souvent le travail des potiers et des métallurgistes. Parmi les scènes de commerce, c'est la vente du vin et de l'huile qui est la plus fréquente.

Malgré les renseignements qu'elle offre, l'intérêt de l'iconographie pour notre sujet est limité : l'espace dans lequel l'action se déroule n'est pas bien défini et beaucoup d'œuvres n'en donnent aucune indication. Certaines scènes sont clairement situées à l'extérieur et d'autres se déroulent sûrement à l'intérieur d'un bâtiment, mais la configuration architecturale de ces locaux n'est jamais représentée. C'est pour cette raison que nous avons décidé de ne pas inclure l'iconographie dans notre étude, d'autant que l'on dispose de trois synthèses sur les représentations des artisans et des commerçants sur les vases, qui fournissent un corpus complet.[3]

Les vestiges de monuments découverts pendant les fouilles sont très nombreux et très variés et couvrent une aire géographique beaucoup plus étendue que les autres sources. La configuration architecturale des bâtiments, leur localisation, la présence de certaines installations et les trouvailles faites en cours de fouille nous permettent de supposer qu'ils avaient un caractère commercial ou même de retrouver leur fonction précise. C'est ainsi que l'étude des vestiges archéologiques nous aide à proposer des critères d'identification pour les pièces polyvalentes. Selon l'état de conservation des pièces, nous pouvons retrouver les installations destinées à la production, des systèmes de stockage et de présentation à la vente, ainsi que des systèmes de fermeture. Dans les villes où l'exploration archéologique a mis au jour une partie importante du tissu urbain, nous pouvons étudier la répartition des pièces polyvalentes dans la ville, retrouver des programmes d'aménagement qui ont conduit à leur construction et apprécier l'importance commerciale de la ville examinée.

Comme c'est le cas avec les sources écrites, l'exploitation des sources archéologiques présente aussi quelques difficultés. Tout d'abord, elles peuvent donner une image qui n'est pas représentative de la réalité antique, puisque l'importance d'une ville antique pour notre étude dépend largement de l'étendue des fouilles et de la qualité des publications. Certains sites sont plus largement fouillés et mieux publiés que d'autres, ce qui a inévitablement orienté notre recherche. Si l'importance de Délos, dont les installations commerciales ont été fouillées en extension et sont assez bien publiées, est incontestée, Olynthe tient, pour les mêmes raisons, une place plus importante que Corinthe et Rhodes, dont l'équipement commercial est moins bien documenté.

L'image que nous avons est souvent incomplète, même pour les villes sur lesquelles nous avons beaucoup d'informations : ce qui est habituellement fouillé est le centre monumental des villes, alors que les quartiers d'habitations sont plus rarement dégagés en extension. C'est le cas des villes telles que Milet ou Magnésie du Méandre, où les fouilles ne permettent pas d'apprécier l'équipement commercial dans son ensemble, puisque seules les installations publiques de l'agora sont connues. Peu de villes ont été suffisamment fouillées pour que l'on puisse avoir une image représentative de leurs installations commerciales : c'est le cas d'Olynthe et de Délos en Grèce continentale et insulaire et de Pergame et de Priène en Asie Mineure.

L'accessibilité des vestiges archéologiques constitue un autre problème : l'étendue de la région examinée a rendu impossible la vérification sur place de tous les renseignements trouvés dans les publications ou l'examen de toutes les pièces qui présentaient des installations intéressantes. L'étude directe des monuments n'a pas toujours été aisée, à cause de leur détérioration ou du manque

[3] Ziomecki 1975 ; Vidale 2002 ; Chadzidimitriou 2005.

d'entretien des sites. D'autres monuments, comme l'agora hellénistique d'Éphèse ou le Bâtiment en briques de l'Agora d'Athènes, sont inaccessibles aujourd'hui, parce qu'ils se trouvent sous des constructions plus récentes. Dans le cas des fouilles de sauvetage en milieu urbain, l'étude des vestiges a été impossible, puisque les constructions antiques sont systématiquement recouvertes.

Les locaux de commerce dans la recherche archéologique

Nous avons évoqué dans les paragraphes précédents les conséquences que la quantité et la qualité des publications peuvent avoir sur notre travail. Il nous reste maintenant à donner un aperçu de la place que tient l'architecture commerciale dans la recherche archéologique.

Les bâtiments ou les lieux du commerce sont très peu mentionnés dans les manuels d'architecture grecque. Dans le livre de D. S. Robertson, *A Handbook of Greek and Roman Architecture*, datant de 1959, l'architecture liée au commerce est absente ; en 1967, A. W. Lawrence décrit brièvement le Portique Sud et le Bâtiment Nord de Corinthe dans son livre de synthèse, intitulé *Greek Architecture*.[4] Il mentionne encore les boutiques des portiques des agoras hellénistiques et celles du Portique d'Attale et termine sa description des édifices commerciaux avec la Salle Hypostyle de Délos, qu'il considère comme un local d'échanges. W. B. Dinsmoor, dans son livre *The Architecture of Ancient Greece. An Account of its Historic Development*,[5] qui date de 1974, cite le Portique Sud de Corinthe, quand il se réfère à la fonction commerciale des portiques ; dans son analyse de l'agora de Priène, les boutiques sont simplement mentionnées, de même que dans la présentation des agoras des villes d'Asie Mineure, comme Aigai, Assos ou Alinda. Il en va de même dans l'ouvrage de H. Lauter, *Die Architektur des Hellenismus*,[6] publié en 1986, et dans le livre de F. E. Winter,[7] *Studies in Hellenistic Architecture*, paru en 2006. Dans tous ces cas, les installations commerciales sont mentionnées quand elles font partie d'un ensemble monumental. L'architecture commerciale privée a attiré encore moins d'attention dans les manuels généraux sur l'architecture grecque. F. E. Winter, qui consacre un chapitre à l'architecture domestique dans le livre que nous venons de citer,[8] ne mentionne pas les locaux commerciaux qui occupaient souvent les façades des maisons. Seule M.-Chr. Hellmann a consacré une partie de son livre *L'architecture grecque 3. Habitat, urbanisme et fortifications*, publié en 2010, à l'architecture commerciale privée. On y trouve un chapitre sur la typologie et l'identification des installations commerciales, ainsi que quelques pages sur les pièces polyvalentes, les seules dans un manuel d'architecture.[9] Dans un autre chapitre, elle présente l'évolution de l'agora et le développement de l'agora commerciale à partir du IVe siècle av. J.-C..[10] Il y a aussi une partie sur les portiques dotées de boutiques et sur les portiques d'Asie Mineure, qui réunissaient le stockage et la distribution des produits en un seul bâtiment.[11] La présentation des installations commerciales est complète, mais les renseignements se trouvent à des parties différentes du livre.

Les études sur l'urbanisme dans l'Antiquité grecque ne pouvaient pas ignorer les bâtiments de commerce. Cependant, le livre de R. Martin, *L'urbanisme dans la Grèce antique*, publié en 1974, comprend très peu de mentions sur les installations commerciales publiques dans le chapitre consacré à l'évolution des centres politiques et administratifs.[12] Dans le chapitre concernant l'évolution de la

---

[4] LAWRENCE 1967, p. 255, 259, 262, 265, 267-268, 270-273.

[5] DINSMOOR 1974, p. 240-241, 262-264, 292-294.

[6] LAUTER 1986, p. 79, 95, 114, 162-163.

[7] WINTER 2006, p. 58-61.

[8] WINTER 2006, p. 157-182.

[9] HELLMANN 2010, p. 118-119, 123-127.

[10] HELLMANN 2010, p. 239-278.

[11] HELLMANN 2010, p. 275-281.

[12] MARTIN 1974, p. 266-275.

maison, il est très peu question des boutiques.[13] Selon R. Martin, les villes grecques se différencient des villes romaines dans la dispersion des locaux de commerce : dans les villes grecques les boutiques sont concentrées à quelques endroits, tandis que dans les villes romaines, on les trouve presque partout.[14] W. Hoepfner et E. L. Schwandner, dans leur livre *Haus und Stadt im klassischen Griechenland* de 1994, ont prêté plus d'attention aux installations commerciales privées, notamment aux pièces qui occupaient les façades des maisons et qui donnaient vers la rue. Ils précisent que ces pièces étaient prévues dans la construction de la maison à laquelle elles étaient associées,[15] qu'elles étaient louées[16] et qu'elles pouvaient servir de boutiques, d'ateliers, d'entrepôts ou d'habitat d'esclaves.[17]

Dans la synthèse, de R. Martin *Recherches sur l'agora grecque. Études d'histoire et d'architecture urbaines*, publiée en 1951, on trouve quelques descriptions des portiques de fonction commerciale situés autour des places publiques.[18] Ces bâtiments sont d'ailleurs les mieux connus par les publications monographiques.[19] Cependant, des bâtiments importants sont parfois sommairement décrits, comme le Portique d'Attale à Athènes[20] et l'agora de Magnésie du Méandre,[21] ou restent pratiquement inédits, comme le « Katagogeion » de Kassopè[22] et le Portique Sud de Délos.[23]

Les publications récentes sur l'agora, surtout des colloques, témoignent d'un intérêt accru sur sa fonction commerciale. Le commerce tient aujourd'hui une place importante dans les présentations générales de l'évolution de l'agora grecque, comme celle de W. Hoepfner, publiée dans les actes du colloque *Die griechische Agora, Bericht über ein Kolloqium am März 2003 in Berlin*, paru en 2006.[24] Dans le même volume, G. Zimmer s'est intéressé à la place de l'artisanat dans l'agora. Il s'agit d'une synthèse sur les installations artisanales publiques et privées, situées autour de l'agora.[25] Les études de cas concernant le commerce au sein de l'agora se sont également multipliées. L'agora de Pella apparaît comme un centre commercial de premier rang, grâce aux travaux de I. Akamatis.[26] Un portique avec des boutiques a été identifié par G. Karamitrou-Mendesidi à l'agora d'Aiani.[27] Les fouilles de L. Palaiokrassa à l'agora de Palaiopolis à Andros nous font connaître des installations commerciales d'une échelle différente, adaptées aux besoins de l'île.[28] J.-Ch. Moretti, M. Fincker et V. Chankowski ont publié un édifice commercial circulaire de Délos, qui porte le nom de *kyklos* dans les sources antiques et qui a servi à la vente aux enchères.[29] O. Kakavogianni et M. Anetakis ont présenté des édifices associés aux agoras régionales des dèmes de l'Attique.[30]

Dans les études concernant l'architecture domestique, les installations commerciales privées ne tiennent pas une place importante.[31] Ces installations sont assez brièvement mentionnées dans les

[13] MARTIN 1974, p. 221-252.
[14] MARTIN 1974, p. 212.
[15] HOEPFNER – SCHWANDNER 1994, p. 99, 119, 219.
[16] HOEPFNER – SCHWANDNER 1994, p. 112.
[17] HOEPFNER – SCHWANDNER 1994, p. 38, 99, 219.
[18] MARTIN 1951, p. 341, 396-400, 425-426, 427, 435, 443, 445, 499-501.
[19] *Agora* XIV ; *Agora* XXVII ; *AvP* III 1 ; *Corinth* I, III ; *Corinth* I, IV ; *Milet* I, 6 ; *Milet* I, 7, pour ne citer que quelques exemples.
[20] THOMPSON 1959 ; *Agora* XIV, p. 104-107.
[21] HUMANN – KOHTE – WATZINGER 1904, p. 107-112.
[22] DAKARIS 1971, p. 119-121 ; HOEPFNER – SCHWANDNER 1994, p. 127-130, 132.
[23] DURRBACH 1902, p. 544-552 ; VALLOIS 1944, p. 65-68 ; BRUNEAU – DUCAT 2010, p. 177.
[24] HOEPFNER 2006, p. 18-23.
[25] ZIMMER 2006, p. 33-40.
[26] Voir en dernier lieu AKAMATIS 2012, p. 49-59, avec la bibliographie précédente.
[27] KARAMITROU-MENDESIDI 2011, p. 212, 218.
[28] PALAIOKRASSA-KOPITSA 2011, p. 311-326 ; PALAIOKRASSA 2012, p. 23-35.
[29] MORETTI – FINCKER – CHANKOWSKI 2012, p. 225-246.
[30] KAKAVOGIANNI – ANETAKIS 2012, p. 185-199.
[31] TRÜMPER 1998 ; HOEPFNER 2005 ; WESTGATE *et alii* 2007.

anciennes publications, comme celles de Priène, datant de 1904, ou du Quartier du théâtre de Délos, parue en 1922 et en 1924.[32] Dans les travaux récents, les chercheurs accordent plus d'importance aux installations commerciales et artisanales : dans les publications des quartiers d'habitation de Pergame,[33] datant de 1999 et de 2008, la présentation des boutiques est plus développée que dans les anciennes publications : on peut suivre leur évolution chronologique, on trouve leurs dimensions, ainsi que des dessins et quelques restitutions. Les installations artisanales domestiques occupent une place importante dans la publication des habitations d'Halieis, qui date de 2005, où l'on trouve une description détaillée et un développement sur l'économie domestique, comme elle se perçoit à travers les trouvailles archéologiques.[34] Mais, ces efforts constituent pour le moment une minorité et les études entièrement consacrées à un quartier artisanal ou commercial restent rares.[35]

L'on a prêté jusqu'à présent peu d'attention aux termes antiques employés pour désigner les édifices de fonction commerciale. Les dictionnaires d'architecture de A. K. Orlandos et I. N. Travlos[36] et de R. Ginouvès[37] regroupent l'essentiel du vocabulaire concernant l'artisanat et le commerce, mais le recensement n'est pas complet, surtout en ce qui concerne le vocabulaire des installations commerciales. Le rapprochement systématique des données épigraphiques et des vestiges archéologiques a été fait uniquement pour l'île de Délos.[38] Les sources littéraires offrent un grand nombre de renseignements, mais elles sont, d'habitude, traitées à part, sans rapprochement avec les vestiges archéologiques.[39]

Délimitation du sujet et plan de l'étude

Nous avons défini plus haut le sujet de notre étude, qui est la pièce polyvalente. Nous avons également établi ses limites chronologiques, entre l'époque archaïque et le Ier siècle av. J.-C. Précisons d'emblée que, même si les pièces de l'époque archaïque et de l'époque classique ont été prises en considération, la majeure partie des installations dont il est question datent du IVe siècle av. J.-C. et de l'époque hellénistique, quand la pièce polyvalente s'impose comme l'installation commerciale la plus fréquente du monde grec. L'aire géographique étudiée est la Grèce continentale, les îles de la mer Égée, les îles ioniennes et la côte ouest de l'Asie Mineure. Notre recherche s'est limitée aux installations situées dans les villes. La campagne n'a pas été prise en compte ; le corpus archéologique est encore relativement pauvre et, surtout, la dispersion de l'habitat dans la campagne a rendu très difficile le développement d'un commerce de quartier et a favorisé la concentration de l'activité commerciale dans les agoras régionales.[40]

Les premiers chapitres de cet ouvrage sont consacrés aux questions de vocabulaire. Nous proposons une nomenclature des installations commerciales et nous regroupons les termes que les Anciens utilisaient pour décrire les lieux et les locaux de commerce. Après avoir défini le sens du terme de *pièce polyvalente* et son rapport avec les boutiques et les ateliers, nous présentons les critères qui nous permettent de les identifier. Nous examinons ensuite les installations commerciales qui ont précédé la pièce polyvalente et nous présentons les premières pièces polyvalentes selon nos connaissances actuelles. Les chapitres suivants sont consacrés à l'étude des pièces polyvalentes : quelles activités

[32] *Priene*, p. 295-297 ; *EAD* VIII, p. 66, 207-215.
[33] *AvP* XV 3 ; *AvP* XV 4.
[34] *Halieis* 2, p. 77-80.
[35] On peut signaler l'article de R. S. Young sur le quartier industriel de Mélitè à Athènes (YOUNG 1951) et la publication d'A. Newhall et R. Stillwell sur le quartier des potiers à Corinthe (*Corinth* XV).
[36] ORLANDOS - TRAVLOS 1986.
[37] GINOUVÈS 1998, p. 111-122.
[38] HELLMANN 1992.
[39] C'est le cas de l'Agora d'Athènes, où toutes les sources littéraires et épigraphiques sont publiées dans *Agora* III et XIX.
[40] KAKAVOGIANNI - ANETAKIS 2012.

y sont attestées, aussi bien par les sources écrites que par l'archéologie, quelles étaient leurs caractéristiques et comment ces caractéristiques répondaient aux besoins du commerce. Nous abordons enfin la question de leur gestion et nous essayons de trouver leur place parmi les autres installations commerciales et de retrouver leur rôle dans l'organisation du commerce dans les villes grecques.

Nomenclature

L'un des problèmes des études modernes sur les installations liées au commerce est celui de la nomenclature employée pour les décrire ; il existe une grande variété de vestiges architecturaux et les termes que nous utilisons ne rendent pas toujours intelligible cette variété. Une nomenclature relative à l'artisanat et au commerce antique a été établie dans le *Dictionnaire méthodique de l'architecture grecque et romaine* de R. Martin et R. Ginouvès, mais il nous semble que nous pouvons la préciser davantage.

Les espaces

Les espaces commerciaux d'une ville antique se répartissent dans deux catégories principales : les espaces non construits et les espaces construits, que nous appelons respectivement *lieux* et *locaux de vente*.

Lieu de vente

Un *lieu de vente* est un espace non construit, où l'on exerçait une activité commerciale. Cet espace pouvait être simplement défini par la présence du marchand avec ses marchandises, sans aucun autre dispositif destiné à faciliter la vente. Mais les commerçants pouvaient aussi y installer une construction temporaire et mobile, en matériaux périssables, pour exercer leur métier. L'activité qui se déroulait dans les lieux de vente n'était pas toujours strictement commerciale ; des artisans pouvaient y travailler et vendre leurs produits sur place. Les lieux de vente pouvaient être des places publiques, mais aussi des espaces devant ou dans un bâtiment ou le long d'une rue, où les commerçants installaient leurs bancs ou leurs tables.

Local de vente

Un *local de vente* est une construction consacrée à la vente des marchandises, qui étaient fabriquées sur place ou dans un autre endroit. Les locaux de vente étaient construits en pierre, en briques ou en matériaux périssables et présentent une grande variété des formes architecturales. La plus simple est celle de la pièce unique, indépendante ou faisant partie d'un bâtiment. Des files de pièces de ce type pouvaient constituer un bâtiment indépendant de vocation commerciale ou se situer derrière la nef d'un portique. Il existe enfin des édifices dans lesquels on procédait à la fois à la production, au stockage et à la vente des marchandises.

Le marché

On utilise le terme de *marché* pour désigner un espace consacré au commerce et constitué de plusieurs lieux de vente. Le marché pouvait se situer dans l'agora ou dans d'autres endroits de la ville. Il pouvait aussi être divisé en plusieurs sections selon les produits qui y étaient vendus.[41] L'activité commerciale au sein du marché pouvait être permanente ou périodique.[42]

Les constructions

La majorité des installations commerciales qui nous est parvenue est constituée de locaux de vente construits en pierre, les locaux en matériaux périssables ayant habituellement laissé très peu de traces.

---

[41] *Infra*, p. 12-13.

[42] CHANDEZON 2000, p. 74.

Ces constructions présentent une grande variété et il convient de les distinguer selon leur fonction, puisque la même forme architecturale sert souvent à plusieurs fins.

L'atelier, le bâtiment industriel et l'échoppe

Le terme d'*atelier* désigne une pièce destinée à la production ou à la réparation d'objets manufacturés et à la préparation de produits de consommation. Quand cette activité occupe un édifice entier de taille importante, nous pouvons parler d'un *bâtiment industriel*. L'*échoppe* est une pièce de petites dimensions, qui est largement occupée par une activité artisanale et dans laquelle normalement le client ne rentre pas.[43]

La boutique

On emploie le terme de *boutique* pour désigner une pièce destinée à la vente de marchandises.

L'entrepôt

On appelle *entrepôt* une construction destinée au stockage de produits. L'entrepôt peut être une pièce, une partie d'un bâtiment ou un bâtiment à part entière.

L'édifice commercial

On recourre au terme d'*édifice commercial* pour désigner un édifice qui réunit plusieurs fonctions relatives au commerce, à savoir la production, la vente et le stockage. Ces édifices peuvent être de dimensions assez vastes et de plan complexe. Ils peuvent aussi être composés de plusieurs pièces qui fonctionnaient comme boutiques, ateliers ou entrepôts.

Certains édifices commerciaux de Délos sont appelés *magasins* dans les publications.[44] Ce terme est employé dans le *Dictionnaire méthodique de l'architecture grecque et romaine* de R. Martin et R. Ginouvès dans le sens de lieu de stockage[45] et il ne sera pas utilisé dans notre étude pour désigner les édifices commerciaux. Cependant, comme cette appellation s'est imposée dans la bibliographie, nous l'utiliserons en écrivant la première lettre en majuscule quand il est question des édifices déliens.

La pièce polyvalente

Contrairement aux termes précédents, la *pièce polyvalente* désigne un type de construction plutôt qu'une activité, mais la configuration architecturale montre qu'elle pouvait servir successivement à plusieurs fins économiques, selon le métier de la personne qui l'occupait à chaque fois. Les pièces polyvalentes se trouvaient en façade des îlots ou des bâtiments et donnaient sur une rue. Elles pourraient se trouver aussi derrière la nef d'un portique, ouvrant tantôt vers l'extérieur, tantôt vers la galerie du portique.

La dépendance

On utilise ce terme pour désigner une pièce auxiliaire, qui se situe derrière ou à côté de la pièce principale et qui ne communique pas avec l'extérieur. Sa taille est habituellement plus petite, mais ce qui constitue la différence essentielle entre la pièce principale et la dépendance est que seule la première communique directement avec l'extérieur.

[43] GINOUVÈS 1998, p. 118.

[44] JARDÉ 1905, p. 6-40 ; JARDÉ 1906, p. 632-664 ; *EAD* V, p. 102-103 ; EMPEREUR 1983, p. 882-886 ; *EAD* XXXIX, p. 96-106.

[45] GINOUVÈS 1998, p. 119.

La tente

On utilise le mot *tente* pour désigner une construction démontable en matériaux périssables, en général du bois, des roseaux, des tissus ou des peaux, qui servait d'abri aux marchands et protégeait leurs étals et leurs marchandises.[46]

L'équipement

Les installations commerciales possèdent un équipement qui leur est parfois spécifique ou qui est adapté pour répondre aux besoins particuliers du commerce.[47] Cet équipement sert à la présentation, à la mise en valeur, au stockage et à la protection des marchandises. Il peut aussi protéger les marchands et leurs clients contre les intempéries, leur offrir un gîte temporaire ou même permanent. L'équipement des installations commerciales est aussi destiné à faciliter l'accès des marchandises, des matières premières et des clients dans les locaux de vente et de production.

L'auvent de marché

L'*auvent de marché* est un auvent transportable et démontable, qui servait à protéger les marchands, leurs biens et leurs clients.[48]

L'étal

Les *étals* étaient des planches, posées sur tréteaux, sur lesquelles on pouvait présenter les marchandises. Il s'agissait de constructions provisoires et mobiles, qui pouvaient aussi bien appartenir à un lieu de vente temporaire que constituer l'équipement d'un local permanent.

La devanture

La *devanture* est un traitement architectural de la façade des locaux de vente, comportant enseigne, installation de protection et installation de présentation des marchandises.[49] Dans la grande majorité des locaux de vente, la protection est assurée par la porte. Dans quelques cas, une grille en métal offre une protection supplémentaire.

La baie

Certains locaux de vente et, plus particulièrement des pièces polyvalentes, avaient de très larges ouvertures, que l'on appelle des *baies*. La largeur des *baies* dépasse les 2 m, ce qui les distingue de simples portes. Cette grande largeur nécessite des portes à plusieurs vantaux et offre des possibilités d'accès, d'éclairage, d'aération et de présentation que les simples portes ne peuvent pas assurer. Elles sont par conséquent particulièrement bien adaptées à un usage commercial.

L'enseigne

Ce terme désigne tout aménagement qui signale l'existence d'un local de vente et attire l'attention des clients. L'*enseigne* peut se présenter sous forme d'inscription ou de panneau figuré.

---

[46] PÉROUSE DE MONTCLOS 2002, p. 470 ; GAUTHIEZ 2003, p. 384.

[47] Il est inutile de reproduire ici la nomenclature de l'équipement lié à la production, que l'on peut trouver dans GINOUVÈS 1998, p. 111-117.

[48] GAUTHIEZ 2003, p. 385.

[49] GAUTHIEZ 2003, p. 424.

La banquette de présentation des marchandises

Il s'agit d'une banquette maçonnée, généralement de hauteur assez faible, située devant l'entrée d'un local de vente et servant à l'exposition et la vente des marchandises.

La mezzanine

Certains locaux de vente avaient un plancher situé à mi-hauteur, qui occupe une partie de la surface de la pièce et qui s'appelle *mezzanine*. La mezzanine était accessible par une échelle en bois.

Le vocabulaire antique des installations commerciales

Le problème de la précision dans la description des différentes installations commerciales devait aussi se poser dans l'Antiquité. L'étude du vocabulaire antique permet de connaître les solutions que les Anciens ont adoptées pour le résoudre.

Les espaces

On trouve dans les textes littéraires et épigraphiques, plusieurs termes qui permettaient de désigner les espaces de vente, le plus fréquent étant le mot ἀγορά. Afin de souligner le caractère commercial de l'agora, on employait un adjectif avec le suffixe -πωλις ou on utilisait le nom du produit qui était vendu dans le marché en question. Le mot ἐμπόριον désignait un espace en rapport avec le commerce extérieur, situé habituellement près du port. Les mots ἐξαίρεσις et δεῖγμα désignaient des secteurs précis de l'emporion.

Ἀγορά

Le terme ἀγορά désigne un espace public réservé aux activités politiques, religieuses, commerciales et culturelles.[50] Ce mot est dérivé du verbe ἀγείρω, qui signifie *rassembler*. Le sens du terme *agora* varie selon les époques et les contextes et peut désigner les hommes qui se rassemblent, la place de l'assemblée, l'assemblée en tant qu'institution politique et le discours à l'assemblée.[51] Ce mot a également donné naissance à une autre série de termes, relatifs à la notion de marché ; c'est ainsi qu'agora peut avoir le sens de *place du marché*, *achat* et même *vente*.[52] Dans ce dernier cas, le rapport avec ἀγείρω n'est plus senti.[53]

Dans le sens de marché, le mot ἀγορά peut être utilisé seul et sans autre précision et c'est le contexte qui nous permet de comprendre son sens exact. Les textes qui illustrent cette utilisation du mot sont très nombreux et le terme ἀγορά est employé pour désigner aussi bien un marché temporaire qu'un marché permanent. Ce marché peut se situer dans l'agora politique ou dans un autre endroit, réservé à l'activité commerciale.

Dans les comédies d'Aristophane, la fonction commerciale de l'Agora d'Athènes apparaît clairement : dans la *Paix*, Trygée demande à la déesse de la Paix de faire en sorte que l'agora soit remplie de biens,[54] alors que, dans les *Cavaliers*, le Paphlagonien demande au Charcutier s'il vend ses saucisses à l'agora ou près des portes de la ville.[55] Un passage d'Hypéride nous apprend qu'un parfumeur fréquente l'agora tous les jours de l'année.[56] Tous ces textes se réfèrent alors à un marché permanent, qui devait occuper une partie de la place de l'Agora d'Athènes.

---

[50] MARTIN 1951 ; KOLB 1981 ; HÖLKESKAMP 1997 ; HÖLSCHER 1998 ; MARC 1998 ; KENZLER 1999 ; MANSOURI 2002 ; HOEPFNER – LEHMANN 2006.

[51] MARC 1998, p. 3 ; SAKELLARIOU 2007, p. 29 ; CHANTRAINE 2009, p. 13.

[52] ORLANDOS – TRAVLOS 1986, p. 3 ; GINOUVÈS 1998, p. 185 ; SAKELLARIOU 2007, p. 29 ; CHANTRAINE 2009, 8-9 ; BEEKES 2010, p. 10.

[53] CHANTRAINE 2009, p. 13.

[54] Aristophane, *Paix*, 999-1000 (421 av. J.-C.)

Καὶ τὴν ἀγορὰν ἡμῖν ἀγαθῶν
1000 ἐμπλησθῆναι
Trygée : « Fais que notre marché soit bondée de bonnes choses » (traduction de H. Van Daele).

[55] Aristophane, *Cavaliers*, 1245-1247 (424 av. J.-C.)

1245 Πα. Πότερον ἐν ἀγορᾷ
ἠλλαντοπώλεις ἐτεὸν ἢ 'πὶ ταῖς πύλαις;
Ἀλ. Ἐπὶ ταῖς πύλαισιν, οὗ τὸ τάριχος ὤνιον.
Le Paphlagonien : « Alors c'est vraiment dans l'agora que tu vendais des saucisses ou aux portes ? »
Le Charcutier : « Aux portes, où se trouve le marché au poisson. ».

[56] Hypéride, *Contre Athénogènes A*, V, 9, 3 (peu après 330 av. J.-C.).

D'autres textes mentionnent des marchés périodiques et temporaires, toujours en utilisant le terme ἀγορά. Ces marchés ne sont pas situés à l'agora de la cité. L'inscription des Mystères d'Andania en constitue un bon exemple : l'emplacement du marché, qui est lié à une fête religieuse, est désigné par les magistrats qui sont responsables de l'organisation de la fête.[57] Ce sens du mot ἀγορά se retrouve dans un passage de Polybe sur Thermos d'Étolie.[58] Il s'agit ici, comme à Andania, d'un marché périodique lié à la panégyrie. Le passage de Polybe nous apprend que le lieu dans lequel se tenait le marché est le même tous les ans.

Une inscription trouvée à Sounion, mentionne une ἀγορά, qui a certainement une vocation commerciale, puisque le texte parle d'un espace qui sera utilisé pour les transactions commerciales.[59] La raison pour la construction de cette agora est l'encombrement de l'agora qui existait déjà.

Le suffixe -πωλις

Afin de palier la polysémie du terme ἀγορά et de désigner clairement le marché, les Grecs employaient souvent un adjectif qui révélait l'activité commerciale qui s'y tenait. On trouve ainsi chez Pollux une γυναικεία ἀγορά, un *marché réservé aux femmes*, où l'on pouvait acheter des articles féminins[60] . À Athènes, l'ἀγορά Κερκώπων, *le marché des Kercopes*, était située près de l'Héliée.[61] Ce marché, où l'on vendait les objets volés, était nommé d'après les Kercopes, qui étaient des voleurs mythiques. Le plus souvent, le terme ἀγορά est accompagné d'un adjectif composé du mot de la marchandise et du suffixe -πωλις, qui dérive du verbe πωλέω et introduit la notion de vente. On trouve ainsi une ἀγορά ἰχθυόπωλις, *marché au poisson*, à Kos au IVe ou au IIIe s. av. J.-C.,[62] alors qu'une autre est attestée à Athènes.[63] Une ἀγορά σιτόπωλις, *marché au blé*, est mentionnée à Priène vers 200 av. J.-C..[64] Une ἀγορά ἱματιόπωλις ou σπειρόπωλις, *marché aux vêtements*, existait à Athènes selon Pollux.[65]

Les noms des produits comme noms de secteurs d'un marché

Les Anciens utilisaient parfois les noms des produits qui y étaient vendus pour désigner le secteur d'un marché. De nombreux textes témoignent de cette pratique. Une grande partie des témoignages concerne les marchés des produits alimentaires, parmi lesquels le *marché au poisson* (ὄψον) est le mieux représenté.[66] Le mot ὄψον peut aussi désigner le *marché des produits alimentaires*, comme le montre une scholie à un discours d'Eschine.[67] Lysias et Pollux emploient l'expression χλωρός τυρός pour désigner

---

[57] *IG* V 1, 1390 *A*, l. 99 (92/1 av. J.-C.).

ἀγορᾶς. Οἱ ἱεροί τόπον ἀποδειξάντω ἐν ὧι πραθήσεται πάντα

« En ce qui concerne le marché. Que les *hieroi* désignent un lieu où tout sera vendu ».

[58] Polybe, *Histoires*, V, 8, 3 (IIe siècle av. J.-C.).

[59] *IG* II², 1180, l. 13-15 (milieu du IVe siècle av. J.-C.)

ὅπως ἄ-
ν ἧι εὐρυχωρία Σουνι-
εῦσιν ἀγοράζειν καὶ ἄλ-
λωι τῶι βουλωμένωι

« pour que les Souniens ou quelqu'un d'autre aient un vaste emplacement pour les transactions commerciales ».

[60] Pollux, *Onomasticon*, X, 18, 11.

[61] Eustathe, *Com. sur l'Odyssée*, I, 77, 22.

[62] MAIURI 1925, p. 147, n. 440.

[63] Attribué à Plutarque, *Vies des dix orateurs*, *Hypéride*, 849 E, 1.

[64] *I von Priene* 81, l. 6.

[65] Pollux, *Onomasticon*, VII, 78, 1.

[66] Strabon, *Géographie*, XIV, 2, 21 ; Pollux, *Onomasticon*, IX, 47, 1 et X, 19, 2.

[67] Scholie à Eschine, *Contre Timarque*, I, 65, Τοὔψον: ὅ ἐστιν ἐν τῇ ἀγορᾷ, ἔνθα τὰ ὄψα, οἱονεὶ πάντα τὰ ἐδέσματα πιπράσκεται (L'*opson* : il se situe dans l'agora ; c'est l'endroit où les *opsa*, c'est-à-dire tous les produits alimentaires sont vendus).

le *marché au fromage frais*.[68] Aristophane parle d'un *marché aux légumes* (κἐν... τοῖς λαχάνοισιν)[69] et d'un *marché à la farine* (ἐπ' ἄλφιτα).[70] Le mot κενέβρειον est employé pour désigner le *marché de viande de boucherie*,[71] alors que le mot μεμνόνεια signifie le *marché à la viande d'âne*.[72] Les mots ἐλαίαι et ἔλαιον peuvent être utilisés pour désigner respectivement le *marché aux olives* (ταῖς ἐλαίαις)[73] et le *marché à l'huile* (ἐς τοὔλαιον).[74] Théophraste[75] mentionne un *marché aux noix*, *aux baies de myrte* et *aux fruits*, désigné à chaque fois par les noms des produits κάρυα, μύρτα et ἀκρόδρυα. D'autres marchés sont attestés par Pollux, comme celui *au vin* (ἐς τὸν οἶνον), *à l'ail* (εἰς τὰ σκόροδα) et *aux oignons* (εἰς τὰ κρόμμυα).[76]

En ce qui concerne les marchés des produits non alimentaires, on trouve un *marché aux marmites*, appelé χύτραι[77] et un *marché aux fleurs*, appelé μύρριναι.[78] Dans un contexte commercial, le mot λύχνος signifie le *marché aux lampes* (ἐν τοῖς λύχνοισι),[79] στέφανος signifie le *marché aux couronnes* (ἐν τοῖς στεφάνοις)[80] et ἐξωμίς signifie le *marché aux tuniques* (ταῖς ἐξωμίσι).[81] Pollux, qui constitue une source essentielle pour la connaissance du vocabulaire antique concernant le commerce, mentionne des marchés *aux livres*, *aux objets sans valeur*, *à l'encens*, *aux parfums* et *aux esclaves*, appelés respectivement βιβλία, γέλγη, λιβανωτόν, ἀρώματα et μύρα, ἀνδράποδα.[82]

Ἐμπόριον

Ce terme dérive du mot ἔμπορος, qui signifiait *celui qui voyageait sur un bateau qui ne lui appartenait pas*, le *passager*, et qui a pris ensuite le sens de *négociant*.[83] Le mot ἐμπόριον signifie *grand marché d'importation - exportation*, *place de commerce* ou une structure institutionnelle qui permettait à la cité d'échanger des biens avec d'autres cités.[84] L'ἐμπόριον était un espace bien défini et délimité par des bornes[85] ; dans les cités maritimes, il était situé au port. Par extension, les auteurs anciens ont appelé ἐμπόριον des cités ou des agglomérations ayant eu une activité commerciale importante.[86]

Ἐξαίρεσις

Le terme ἐξαίρεσις dérive du verbe ἐξαίρω *extraire*, *mettre de côté* et signifie *extraction* ou, dans un contexte commercial, un lieu situé dans le port, où les marchandises étaient déchargées.[87]

---

[68] Lysias, *Contre Pancléon*, XXIII, 6 ; Pollux, *Onomasticon*, X, 19, 2.

[69] Aristophane, *Lysistrata*, 557.

[70] Aristophane, *Assemblée des femmes*, 819.

[71] Erotianos, *Glossarium Hippocraticum* , *s.v.* κενέβρεια 82, 9.

[72] Pollux, *Onomasticon*, IX, 48, 7.

[73] Plutarque, *De la tranquilité de l'âme*, 470 E, 10.

[74] Pollux, *Onomasticon*, IX, 47, 1.

[75] Théophraste, *Caractères*, *L'incongru*, IX, 4, 1.

[76] Pollux, *Onomasticon*, IX, 47, 1.

[77] Aristophane, *Lysistrata*, 557 ; Pollux, *Onomasticon*, IX, 47, 1.

[78] Aristophane, *Thesmophories*, 448.

[79] Aristophane, *Paix*, 692.

[80] Athénée, *Deipnosophistes*, 9.380 f.

[81] Plutarque, *De la tranquilité de l'âme*, 470 E. 10.

[82] Pollux, *Onomasticon*, IX, 47, 1 et X, 19, 2.

[83] CHANTRAINE 2009, p. 328 ; BEEKES 2010, p. 418-419.

[84] CASEVITZ 1993, p. 9-22 ; COUNILLON 1993, p. 47-52 ; BRESSON 1993, p. 222-224 ; *CEH*, p. 368 ; BRESSON 2008, p. 98 ; CHANTRAINE 2009, p. 328.

[85] *IG* I² 887.

[86] Hérodote, *Histoire*, I, 165 ; II, 179 ; Isocrate, *Panégyrique*, IV, 42 ; Xénophon, *Anabase*, I, 4, 6.

[87] Pollux, *Onomasticon*, IX, 34, 3 (τὰ δὲ περὶ τοὺς λιμένας μέρη δεῖγμα, χῶμα, ἐμπόριον, καὶ ὡς Ὑπερείδης φησίν, ἐξαίρεσις, ὅπου τὰ φορτία ἐξαιρεῖται, ὥσπερ καὶ τὸ δεῖγμα τοὔνομα ἀπὸ τοῦ δείγματα τῶν ἀγωγίμων τοῖς ὠνητιῶσι δίδοσθαι) (« les lieux autour du port s'appellent *deigma*, *chôma*, *emporion*, et comme le dit Hypéride, *exairesis*, où les cargaisons sont déchargées, comme le *deigma*, le nom duquel (provient) du fait que des spécimens des cargaisons sont présentés aux acheteurs »).

Δεῖγμα

Le mot δεῖγμα dérive du verbe δείκνυμι et signifie *exemple*, « échantillon », *preuve*, *lieu d'exposition des marchandises*, *marché* et *bazar*.[88] Ce mot a pris le sens de lieu d'exposition de marchandises, où l'on vendait sur échantillon.[89] Le δεῖγμα faisait partie de l'ἐμπόριον, suivant les auteurs anciens.[90] Il est attesté au Pirée et à Rhodes.[91]

Constructions

Les documents littéraires et épigraphiques donnent souvent les noms des différentes installations de vente, temporaires ou permanentes. Ces mots peuvent être classés en deux catégories : les termes généraux et les termes précis. La première catégorie indique une activité commerciale sans la préciser ; elle comprend des termes dont le sens renvoie directement au commerce, comme ἐργαστήριον, πωλητήριον, πρατήριον, καπηλεῖον, et ἀποθήκη, ainsi que des termes dont le rapport avec le commerce est donné par le contexte, comme οἴκημα, στοά, σκηνή, οἰκία et κύκλοι. La deuxième catégorie comprend des termes qui révèlent la nature exacte de l'activité commerciale exercée dans le local. Ces mots sont souvent formés du nom du produit fabriqué avec le suffixe -εῖον ou -ποιεῖον ou du nom du produit vendu avec le suffixe -πώλιον ou -πωλεῖον. On trouve encore quelques termes qui révèlent l'activité exacte d'un local, tels que πιθών, ἱστιορράφιον ou πισύγγιον.

Les termes généraux

Ἐργαστήριον

Le plus fréquent parmi les termes généraux est ἐργαστήριον, qui signifie *atelier*.[92] Le terme provient du mot ἐργαστήρ, qui signifie *ouvrier* et dérive du mot ἔργον, *travail*, *œuvre*.[93] Ce mot désigne avant tout un local de production, mais il est aussi employé pour désigner des locaux consacrés à la fois à la production et la vente, ainsi que des installations uniquement commerciales. Les textes ne font pas la distinction entre la production et la vente, ce qui est révélateur des pratiques artisanales et commerciales dans l'Antiquité grecque. Dans les discours de Démosthène contre Aphobos, où l'on apprend que l'orateur avait hérité deux ateliers de son père, le texte ne permet pas de savoir si les ateliers étaient consacrés uniquement à la production ou si l'on y vendait les produits fabriqués.[94] D'autres témoignages nous incitent à penser que les locaux de production fonctionnaient également comme des locaux de vente. Une inscription athénienne de la fin du IIe s. av. J.-C. énumère les ateliers et les entrepôts parmi les locaux de vente : [τοὺ]ς πωλοῦν[τ]άς τι ἐν τῆι ἀγορᾶι ἢ ἐν τοῖς ἐργαστηρίοις ἢ τοῖς καπηλείοις ἢ οἰνῶσιν ἢ ἀπο[θήκαις].[95] Dans un passage de Diodore de Sicile, le terme ἐργαστήριον comprend l'ensemble des installations artisanales et commerciales[96] : étant donné que ce passage nous donne la description des préparatifs pour l'éclairage de

---

88 CHANTRAINE 2009, p. 246-247 ; BEEKES 2010, p. 309.

89 Pollux, *Onomasticon*, IX, 34, 3 ; GOFAS 1993, p. 79-85 ; GINOUVÈS 1998, p. 188, n. 133 ; BRESSON 2008, p. 102-103.

90 Harpocrate, *Lexique*, *s.v.* δεῖγμα, 85, 5 (Δεῖγμα: κυρίως μὲν τὸ δεικνύμενον ἀφ' ἑκάστου τῶν πωλουμένων. ἰδίως δὲ καὶ τόπος τις ἐν τῷ ἀθήνησιν ἐμπορίῳ εἰς ὃν τὰ δείγματα ἐκομίζετο, καλούμενος οὕτως.) (« *Deigma* : principalement ce qu'on montre de chacun des produits vendus, de même que lieu de ce nom dans l'*emporion* d'Athènes où l'on apportait des échantillons. » traduction de BRESSON 2008, p. 102).

91 Diodore de Sicile, *Bibliothèque Historique*, XIX, 45, 4 ; Harpocrate, *Lexique*, *s.v.* δεῖγμα, 85, 5 ; *Etym. Magnum*, s.v. δεῖγμα, 259, 52 ; Suidas, s.v. δεῖγμα, 300, 1.

92 ORLANDOS - TRAVLOS 1986, p. 115 ; GINOUVÈS 1998, p. 111, 118.

93 CHANTRAINE 2009, p. 347-349 ; BEEKES 2010, p. 450.

94 Démosthène, *Contre Aphobos* I, XXVII, 9, 4 ; 31,1 et *Contre Aphobos* II, XXVIII, 12, 1.

95 *IG* II^2, 1013, l. 9 (« ceux qui vendent quelque chose dans l'Agora ou dans les ateliers ou dans les boutiques ou dans les celliers ou dans les entrepôts »).

96 Diodore de Sicile, *Bibliothèque Historique*, XIII, 84, 2.

la ville pendant la fête du mariage de la fille d'Antisthène d'Agrigente, le terme ἐργαστήριον ne peut pas avoir seulement le sens d'atelier, mais il prend le sens plus large de local de commerce. Cette utilisation du mot ἐργαστήριον nous rapproche de ce que nous avons désigné comme pièce polyvalente.[97] Une inscription de Colophon mentionne des ἐργαστήρια et leur rapport avec l'agora fait penser qu'il pourrait s'agir de pièces polyvalentes associées à un portique.[98] À Kymé, on trouve aussi un portique doté d'ἐργαστήρια, qui devaient aussi être des pièces polyvalentes.[99] La confirmation de l'utilisation de ce terme dans le sens général de local de commerce se trouve dans un passage d'Eschine,[100] où le mot ἐργαστήριον désigne tout local où des produits ou des services pouvaient être échangés contre de l'argent.

Il est cependant possible de préciser l'activité qui se déroulait dans l'atelier, tout en utilisant le mot ἐργαστήριον, si l'on ajoute à ce dernier le nom des artisans qui y travaillaient, comme dans un passage de Plutarque (*Pélopidas*, XII, 1, 4) ἐργαστήρια δορυξόων καὶ μαχαιροποιῶν ("ateliers de fabricants de lances et d'épées").

Καπηλεῖον

Un autre terme très fréquent est καπηλεῖον, qui dérive du mot κάπηλος, *le petit marchand*. Ce mot peut désigner plusieurs types de locaux de vente, mais il ne semble jamais être en rapport avec la production. On le trouve souvent seul et sans aucune précision,[101] ce qui nous empêche de reconnaître son sens exact, mais l'inscription *IG* II^2, 1013, qu'on a citée plus haut, ainsi que d'autres textes montrent que le caractère commercial du mot καπηλεῖον doit être considéré comme certain.[102] Ce mot peut enfin prendre un sens plus étroit et désigner la *taverne*[103] ou la *boutique de marchand de vin.*[104]

Πωλητήριον et πρατήριον

Les termes πωλητήριον, dérivé du verbe πωλέω,[105] *vendre*, et πρατήριον, qui dérive du verbe πράττω,[106] *achever, traiter une affaire, faire payer*, signifient *boutique*. Ils étaient employés pour désigner uniquement des locaux de vente : καὶ ὁ μὲν τόπος ὅπου πιπράσκουσι, πωλητήριον ἂν καλοῖτο, καὶ ὡς παρ' Ἡροδότῳ πρατήριον.[107] Ces deux mots sont rarement utilisés, peut-être parce que leur sens est trop précis pour la réalité du commerce antique. Des termes comme ἐργαστήριον et καπηλεῖον, qui avaient un sens plus large, étaient sans doute mieux adaptés pour décrire des installations, qui pouvaient abriter à la fois plusieurs activités liées au commerce ou des locaux dont la fonction exacte changeait souvent.

---

[97] *Supra*, p. 8.

[98] MERITT 1935, p. 358-397.

[99] MALAY 1983, p. 1-20, n° 3.

[100] *Contre Timarque*, I, 124, 1 : ἐὰν δ' εἰς ἓν δήπου τούτων τῶν ἐπὶ ταῖς ὁδοῖς ἐργαστηρίων ἰατρός εἰσοικίσηται, ἰατρεῖον καλεῖται· ἐὰν δ' ὁ μὲν ἐξοικίσηται, εἰς δὲ τὸ αὐτὸ τοῦτο ἐργαστήριον χαλκεὺς εἰσοικήσηται, χαλκεῖον ἐκλήθη, ἐὰν δὲ κναφεύς, κναφεῖον, ἐὰν δὲ τέκτων, τεκτονεῖον· ἐὰν δὲ πορνοβοσκός καὶ πόρναι, ἀπὸ τῆς ἐργασίας εὐθὺς ἐκλήθη πορνεῖον (« Ou bien, qu'un médecin vienne s'établir dans une de ces échoppes qui bordent nos rues, celle-ci prend le nom de cabinet médical. Et si, dans ce même endroit, le médecin étant parti, s'établit un forgeron, le local s'appelle alors forge, ou atelier de foulon si c'est un foulon qui l'occupe ou atelier de charpentier si c'est un charpentier ; enfin, quand des prostituées viennent s'y installer avec leur patron, la maison en prend aussitôt le nom de bordel » traduction de V. Martin et G. de Budé).

[101] *IK* 28.1-Iasos, 1, l. 44 : Εὔδικος [Σα]μίο ἐπρίατο καπηλεῖον τῶν Πολεμάρχο παίδων [στα]τήρων δεκαέξ ("Eudikos fils de Samios a acheté le *kapéleion* des enfants de Polémarque contre seize statères"). Voir aussi : *SEG* 29 [1979], 159, l. 1-2 ; *IK* 28.1-Iasos, 1, l. 44 ; *IG* XI 2, 156 *A*, l. 15.

[102] *IG* XII 6, 169 ; Pollux, *Onomasticon*, IX, 34, 40.

[103] Isocrate, *Aréopagitique*, VII, 49, 1 : ἐν καπηλείῳ δὲ φαγεῖν ἢ πιεῖν (« manger ou boire dans un *kapéleion* »).

[104] Pollux, *Onomasticon*, VII, 193 ,6.

[105] CHANTRAINE 2009, p. 925-926 ; BEEKES 2010, p. 1265.

[106] CHANTRAINE 2009, p. 900-901.

[107] Pollux, *Onomasticon*, VII, 11, 1 (« et le lieu où l'on vend pourrait s'appeler *pôlétérion*, et suivant Hérodote *pratérion* »).

Ἀποθήκη

Le mot ἀποθήκη signifie *entrepôt* ; il est composé de la préposition ἀπό, qui exprime l'idée d'éloigner ou d'écarter quelque chose, et du mot θήκη, qui signifie *boîte, casette.*[108] Cependant, ἀποθήκη n'est pas employé exclusivement pour un local de stockage : l'inscription *IG* II², 1013, citée plus haut,[109] compte les entrepôts parmi les locaux de vente et confirme la polyvalence des installations liées à l'artisanat et au commerce.

Ἐγδοχεῖον

Le mot ἐγδοχεῖον ou ἐγδόχιον signifie *réservoir* ou *citerne,* mais il a le sens d'*entrepôt* dans les inscriptions de Délos.[110]

Οἰκία

Le mot οἰκία, qui signifie *maison,* est employé dans les inscriptions de Délos pour désigner un ensemble de bâtiments appartenant à Apollon, appelés ἱεραί οἰκίαι.[111] Certains de ces bâtiments étaient sans doute des édifices commerciaux, composés de locaux de production, de vente et de stockage.[112] Dans deux cas ce terme est explicitement mis en rapport avec une activité commerciale et artisanale : il s'agit de la *maison où Parménion travaille le bronze*[113] et de la maison d'Éphésos.[114] La maison d'Éphésos est identifiée avec les οἰκήματα d'Éphésos[115] ou avec une partie de ces locaux.[116] Cette identification constitue un exemple du peu d'attention que prêtaient les Anciens à la précision du vocabulaire qu'ils employaient pour décrire les installations commerciales, qui reflète sans doute la faible caractérisation architecturale de ces constructions. Les mots οἴκημα et οἰκία sont ainsi utilisés dans le sens large de *bâtiment* et c'est seulement la précision de l'activité du locataire qui permet d'identifier la fonction de l'édifice.

Οἴκημα

Le mot οἴκημα, *local,* est un terme neutre, qui dérive du mot οἶκος, *demeure, pièce, chambre.*[117] Ce mot correspond bien à la polyvalence des installations commerciales. Il peut avoir le sens de *boutique* ou *atelier* selon le contexte.[118] Dans les inscriptions de Délos, les boutiques du commerçant Éphésos sont appelées οἰκήματα.[119] Ce mot désigne également les pièces polyvalentes ouvrant sur la galerie d'un portique ; il est ainsi employé dans la dédicace d'un portique à Pharsale,[120] et dans le cahier des charges d'un portique à Lesbos.[121] L'inscription de Pharsale précise que ces οἰκήματα seraient loués et constitueraient ainsi une source de revenus pour la cité, ce qui est souvent le cas avec les pièces polyvalentes associées

[108] CHANTRAINE 2009, p. 417-418 ; BEEKES 2010, p. 546.

[109] *Supra*, p. 5 et n. 46.

[110] HELLMANN 1992, p. 253.

[111] Les mentions étant très nombreuses, on se contente de signaler les inscriptions *IG* XI 2, 161 *A*, l. 16 et suiv. ; *IG* XI 2, 201 *A*, l. 5, 9 et suiv. ; *IG* XI 2, 287 *A*, l. 34 et suiv. ; *ID* 290, l. 119 et suiv. Ces édifices sont énumérés chez MOLINIER 1914, p. 16, 19-34 ; HENNIG 1983, p. 420-439 ; HELLMANN 1992, p. 291-292.

[112] MOLINIER 1914, p. 19-34 ; HENNIG 1983, p. 424, 439, 460 ; HELLMANN 1992, p. 293.

[113] *IG* XI 2, 287 *A*, l. 38.

[114] *ID* 442, *A*, l. 141.

[115] MOLINIER 1914, p. 24.

[116] HENNIG 1983, p. 430.

[117] CHANTRAINE 2009, p. 753-755 ; BEEKES 2010, p. 1055-1056.

[118] ORLANDOS – TRAVLOS 1986, p. 187 ; GINOUVÈS 1998, p. 117, 118.

[119] *IG* XI 2, 158 *A*, l. 21 ; *IG* XI 2, 161 *A*, l. 16 ; *IG* XI 2, 162 *A*, l. 13 ; *IG* XI 2, 203 *A*, l. 25 ; *IG* XI 2, 204, l. 27 ; *ID* 353 *A*, l. 18 ; *ID* 354 *A*, l. 31 ; *ID* 356bis *A*, l. 16 ; *ID* 366 *A*, l. 96 ; *ID* 368, l. 34 ; *ID* 372, l. 23 ; *ID* 400, l. 8 ; *ID* 402, l. 17 ; *ID* 442 *A*, l. 141 ; *ID* 444 *B*, l. 99.

[120] BÉQUIGNON 1935, p. 514-519 ; DECOURT 1995, p. 64-68.

[121] *IG* XII 2, 14 ; LABARRE 1996, p. 259-260 ; HELLMANN 1999, p. 58.

à des portiques. Comme leur activité exacte n'est pas précisée, on a employé un terme neutre pour les décrire. Dans les textes littéraires, le mot οἴκημα est plus rarement utilisé dans le sens de *boutique*, mais on le trouve dans un texte attribué à Aristote.[122]

Συνοικία

Le terme συνοικία dérive du nom οἶκος.[123] Dans certains contextes, ce mot signifie *immeuble de rapport*, habité par plusieurs locataires. Ce sens est clair chez Eschine[124] et se retrouve aussi chez Démosthène[125] ou dans des documents épigraphiques, comme sur une tablette de défixion d'Athènes, où il apparaît parmi des ateliers.[126]

À Délos, il y a plusieurs attestations de ce mot, mais seule l'inscription *ID* 104-11, *A*, qui date du milieu du IVe siècle av. J.-C., le met en rapport avec un lieu de vente possible : συνοικία καὶ οἴκημα. Il s'agit peut-être d'un atelier situé au rez-de-chaussée d'un immeuble de rapport.[127] Une συνοικία est mentionnée dans deux inscriptions identiques de Thasos, qui datent de la première moitié du IIe siècle av. J.-C..[128] Dans ce cas, ce mot désigne probablement un édifice commercial, puisque la συνοικία a été identifiée avec le bâtiment qui se trouve au sud-est de l'agora, derrière la Galerie aux piliers.[129]

On constate qu'aucun texte ne dit explicitement que les *immeubles de rapport* pouvaient comprendre un lieu de vente, mais le rapprochement entre συνοικία et οἴκημα à Délos ou συνοικία et ἐργαστήριον à Thasos, ainsi que le fait que les συνοικίαι sont mentionnées avec des installations artisanales et commerciales, nous autorisent à supposer qu'un local de production ou de vente pouvait faire partie de certaines συνοικίαι.

Κύκλοι

Le mot κύκλοι, *cercles*, attesté par les textes antiques,[130] désigne un équipement de marché de forme circulaire, destiné à la vente aux enchères.[131] Toute sorte de produits étaient vendus dans les cercles : les textes mentionnent des objets divers, appelés σκεύη et ὤνια, du poisson et des esclaves. Un kyklos a été identifié à Délos,[132] alors qu'A. Keramopoullos avait proposé de reconnaître un marché aux poissons dans un bâtiment circulaire, découvert à Aixonè.[133] Le kyklos n'était pas nécessairement un édifice en pierre ; à Athènes, les cercles sont désignés comme un espace (τόπος)[134] ou un endroit (μέρος).[135]

---

122 Aristote, *Mirabilia*, 832b. 21.

123 CHANTRAINE 2009, p. 753-755 ; BEEKES 2010, p. 1055-1056.

124 Eschine, *Contre Timarque*, I, 124, 1 : ὅπου μὲν γὰρ πολλοὶ μισθωσάμενοι μίαν οἴκησιν διελόμενοι ἔχουσι, συνοικία καλοῦμεν, ὅπου δ' εἷς ἐνοικεῖ, οἰκίαν (« Ainsi, nous appelons maison de rapport l'habitation que se partagent plusieurs locataires différents, et maison tout court celle dans laquelle habite une seule famille. » traduction de V. Martin et G. de Budé).

125 Démosthène, *Contre Nicostratos*, LIII, 13, 3.

126 *IG* III, 3 App. 68 a, l. 6.

127 HELLMANN 1992, p. 398.

128 *ÉtThas* III, Inv. 586, 1169.

129 *ÉtThas* III, p. 416, n. 3.

130 Harpocrate, *Lexique*, *s.v.* κύκλοι 186, 3 ; Pollux, *Onomasticon*, VII, 11, 1 et X, 18, 1 ; Hesychius, *Lexique*, *s.v.* κύκλος 4478, 1 ; Schol. Aristophane, *Cavaliers*, 137.

131 MORETTI - FINCKER - CHANKOWSKI 2012, p. 237-241.

132 MORETTI - FINCKER - CHANKOWSKI 2012, p. 225-246.

133 KERAMOPOULLOS 1919, p. 44-46 ; GIANNOPOULOU-KONSOLAKI 1990, p. 28-29.

134 Harpocrate, *Lexique*, *s.v.* κύκλοι 186, 3 ; Pollux, *Onomasticon*, VII, 11, 1 ; Hesychius, *Lexique*, *s.v.* κύκλος 4478, 1 ; Schol. Aristophane, *Cavaliers*, 137.

135 Pollux, *Onomasticon*, X, 18, 1.

Σκηνή et γέρρα

Les textes antiques mettent parfois les mots σκηνή et γέρρα en rapport avec des installations commerciales. Le mot σκηνή peut désigner, selon le contexte, le *bâtiment de scène,*[136] la *cabane*[137] et la *tente.*[138] Ce dernier sens se retrouve chez Théophraste,[139] Harpocrate[140] et Pausanias[141] dans un contexte commercial. Les σκηναί sont construites en bois, en claies de roseaux et en tissu, ce qui les rendait idéales pour les marchés temporaires. Le mot γέρρον signifie un objet en osier.[142] Dans un contexte commercial, il peut avoir le sens de *clôture de marché en osier,*[143] de *couverture de tente*[144] ou de *tente.*[145]

Les termes précis

Le suffixe –εῖον ou –ποιεῖον

Le moyen le plus fréquent pour préciser la nature d'un atelier est l'utilisation du suffixe -εῖον ou -ποιεῖον précédé du mot qui désigne l'activité artisanale. De nombreux mots sont ainsi formés : ἀλφιτεῖον, *atelier où l'on travaille la farine* (Pollux, *Onomasticon*, VII, 9, 1) ; ἀρτοπτεῖον, *boulangerie* (Pollux, *Onomasticon*, X, 112, 4) ; βαφεῖον ou πορφυροβαφεῖον *teinturerie* (Strabon, *Géographie*, XVII, 3, 18) ; γναφεῖον ou κναφεῖον, *atelier de foulon* (Lysias, *Contre Pancléon*, XXIII, 2, 1 ; Eschine, *Contre Timarque*, I,124,1 ; Pollux, *Onomasticon*, VII, 37, 2) ; ἐλαιουργεῖον, *huilerie* (Diogène Laërce, *Vies des philosophes, Thalès*, I, 26, 7) ; ἐριουργεῖον, *atelier de tissage* (Pollux, *Onomasticon*, VII, 28, 8) ; ἡνιοποιεῖον, *sellerie* (Xénophon, *Mémorables*, IV, 2, 1) ; κεραμεῖον, *atelier de potier* (Eschine, *Contre Ctésiphon*, III, 119, 3 ; *ID* 98 *Ba*, l. 33 ; Hésychius, *Lexique*, *s.v.* κεραμεῖα 2262, 1) ; πλινθεῖον ou πλινθουργεῖον, *briqueterie* (*Etym. Magnum*, *s.v.* πλίνθος 677, 30) ; σιδηρεῖον, *forge* (*IG* XI 2, 156 *A*, l. 3 ; *IG* XI 2, 161 *A*, l. 19 ; *IG* XI 2, 287 *A*, l. 37 ; *ID* 290, l. 129) ; σκυτοτομεῖον ou σκυτεῖον, *cordonnerie* (Lysias, *Pour l'invalide*, XXIV, 19, 3 ; Pollux, *Onomasticon*, VII, 80, 5) ; τεκτονεῖον, charpenterie (Eschine, *Contre Timarque*, I, 124, 1 ; *ID* 1417 *B* II, l. 163) ; χαλκεῖον, *atelier de bronzier* (Andocide, *Sur les mystères*, I, 40 ; Eschine, *Contre Timarque*, I, 124, 1 ; Hérodote, *Histoire, Cleio*, I, 68, 1 ; *ID* 98 *Ba*, l. 35) ; χρυσοχοεῖον, *orfèvrerie* (Demosthène, *Contre Midias*, XXI, 22, 1 ; Zeno *Stoic.*, *Fragments*, 246, 9).

Le suffixe - πώλιον ou –πωλεῖον

La description précise d'un lieu de vente peut se faire avec l'emploi du suffixe -πώλιον ou -πωλεῖον, précédé d'un mot qui se réfère à l'activité. On obtient ainsi des termes, comme ἀλεκτρυοπώλιον, la *boutique de marchand de volailles* (Pollux, *Onomasticon*, VII, 136, 1) ; ἀρτοπώλιον, la *boulangerie* (Aristophane, *Grenouilles*, 111 ; Pollux, *Onomasticon*, VII, 21, 1) ; βιβλιοπωλεῖον, la *librairie* (Athénée, *Deipnosophistes*, I, 1d, 13) ; ἐριοπώλιον, la *boutique de marchand de tissus* (Zénon Stoic., *Fragments*, 246, 9) ; ἑφθοπώλιον, la *boutique d'aliments cuits* (Athénée, *Deipnosophistes*, III, 94c, 1) ; ἰχθυοπώλιον, la *poissonnerie* (Théophraste, *Caractères*, *Le cynique*, VII, 9, 1) ; κεραμοπωλεῖον, la *boutique de marchand de céramique* (Pollux, *Onomasticon*, VII, 161, 5) ; κρεωπώλιον ou κρεοπόλιον, la *boucherie* (Pollux, *Onomasticon*, VII, 25, 2) ; λαχανοπώλιον, la *boutique de marchand de légumes* (Schol. Aristophane, *Lysistrata*, 556) ; λιβανωτοπώλιον, la *boutique de marchand d'encens* (*IK* 17-Ephesus, 2. l. 2-4) ; μαχαιροπώλιον, la *boutique de coutelier* (Pollux, *Onomasticon*, VII, 156, 1) ; μυροπώλιον, la *parfumerie* (Lysias, *Pour l'invalide*, XXIV, 19, 3 ; Hypéride, *Contre Athénogènes A*, V, 3, 5 ; Hypéride, *Contre Athénogènes A*, V, 9,

---

[136] ORLANDOS – TRAVLOS 1986, p. 231 ; GINOUVÈS 1998, p. 139.
[137] GINOUVÈS 1998, p. 154.
[138] GINOUVÈS 1998, p. 117, 154.
[139] Théophraste, *Caractères*, *Le vantard*, XXIII, 8, 28.
[140] Harpocrate, *Lexique*, *s.v.* σκηνίτης, 275, 14.
[141] Pausanias, X, 32, 14.
[142] CHANTRAINE 2009, p. 208 ; BEEKES 2010, p. 268.
[143] Démosthène, *Sur la couronne*, XVIII, 169.
[144] Harpocrate, *Lexique*, *s.v.* γέρρα, 79, 8 ; Hésychius, *Lexique*, *s.v.* γέρρα, 440, 1.
[145] Hésychius, *Lexique*, *s.v.* γέρρα, 440, 1.

3 ; Plutarque, *Timoléon*, XIV, 3 ; Zeno *Stoic.*, *Fragments*, 246, 9) ; ὀρνιθοπωλεῖον, la *boutique de marchand d'oiseaux* (Pollux, *Onomasticon*, VII, 197, 8) ; παντοπωλεῖον, le *bazar* (Pollux, *Onomasticon*, VII, 16, 1) ; ταριχοπώλιον, la *boutique de marchand de salaison* (*ID* 104 18, l. 15 ; Théophraste, *Caractères*, *Le cynique*, VI, 9, 1) ; χυτροπώλιον, la *boutique de marchand de marmites* (Schol. Aristoph., *Lysistrata*, 556).

Dans la pratique, -πώλιον ou -πωλεῖον pouvaient aussi être employés pour désigner l'atelier et -εῖον ou -ποιεῖον incluaient la notion de vente. C'est ainsi que, dans un texte d'Hypéride (*Contre Athénogènes A*, V, 3, 5), une parfumerie est appelée μυροπώλιον et un peu plus loin ἐργαστήριον. Dans un passage de Zénon (*Fragments*, 246, 9), les parfumeries et les boutiques de marchand de tissus sont mentionnées parmi des ateliers. Il n'y a pas lieu de s'étonner, puisque les locaux de production fonctionnaient en même temps comme des locaux de vente et le vocabulaire décrit simplement cette réalité.

Le suffixe -πωλις

Comme dans le cas des lieux de vente, un adjectif composé du nom de la marchandise et du suffixe -πωλις peut-être utilisé pour désigner un édifice de fonction commerciale. Les adjectifs ainsi formés sont associés avec les portiques : nous avons à Athènes un *portique où l'on vend la farine*, στοά ἀλφιτόπωλις[146] ; à Lesbos il y avait un *portique où l'on vend des plats* ou *de la farine*, στοά ἀλεκανόπωλις ou ἀλευρόπωλις,[147] selon la restitution retenue. À Mégalopolis, il existait un *portique où l'on vend des parfums*, στοά μυρόπωλις.[148] Ces portiques abritaient sans doute des commerçants et devaient constituer le marché principal du produit qui leur a donné son nom.

Οἰνών, πιθών et ξυλών

Les termes οἰνών, *cellier*, et πιθών, *magasin à jarres*, sont employés pour désigner des locaux de stockage. Le premier mot dérive du nom οἶνος, le vin.[149] Son usage est rare, mais il se rencontre chez Xénophon (*Helléniques*, VI, 2, 6) et dans une inscription athénienne *IG* II^2, 1013, l. 9. Le terme πιθών, qui dérive du mot πίθος, la *grande jarre*,[150] se trouve chez Pollux (*Onomasticon*, VII, 163, 6) et dans les inscriptions de Délos (*ID* 104 8 *B*, l. 33). Un passage de Pollux (*Onomasticon*, I, 79, 5) met en relation les termes οἰνών, πιθών et ἀποθήκη et souligne leur fonction de stockage.

Le terme ξυλών enfin, qui dérive du mot ξύλον, le *bois*,[151] se trouve seulement dans les inscriptions de Délos.[152] Les bâtiments déliens appelés ainsi devaient désigner à l'origine un *entrepôt de bois*, mais on y déposait aussi d'autres matériaux.[153] Leur rapport avec le commerce n'est pas assuré.

Quelques mots pour les ateliers

Il existe encore quelques noms d'ateliers dans les textes littéraires et épigraphiques, tels que ἱστεών ou ἱστών (Ménandre, *Samienne*, 234 ; Pollux, *Onomasticon*, VII, 28, 8 ; Hésychius, *Lexique*, *s.v.* ἱστών 1011, 1) ; ἱστιορράφιον, *atelier de rapiéceur de toiles à voile* (*ID* 1416 *B* I, l. 92) ; μυλών, *meunerie* (*SEG* 35 [1985], 136) et πισύγγιον, *cordonnerie* (Pollux, *Onomasticon*, VII, 82, 1).

---

146 Aristophane, *Assemblée de femmes*, 686.
147 *IG* XII 2, 14, l. 12-13.
148 Pausanias, VIII, 30, 7.
149 CHANTRAINE 2009, p. 756-757 ; BEEKES 2010, p. 1058-1059.
150 CHANTRAINE 2009, p. 868 ; BEEKES 2010, p. 1189-1190.
151 CHANTRAINE 2009, p. 738-739 ; BEEKES 2010, p. 1037-1038.
152 *IG* XI 2, 159 *A*, l. 56 ; *IG* XI 2, 161 *A*, l. 106 ; *IG* XI 2, 203 *A*, l. 28 ; *IG* XI 2, 223 *A*, l. 46 ; *IG* XI 2, 226 *A*, l. 17 ; *IG* XI 2, 287 *A*, l. 36 ; *ID* 290, l. 24 ; *ID* 353 *A*, l. 21-22 ; *ID* 354, l. 32 ; *ID* 356, l. 10 ; *ID* 356bis *A*, l. 16 ; *ID* 366 *A*, l. 96, 106 ; *ID* 369 *A*, l. 36 ; *ID* 399 *A*, l. 84-86 ; *ID* 400, l. 18 ; *ID* 403, l. 24 ; *ID* 442 *A*, l. 143.
153 HELLMANN 1992, p. 282.

À Délos, les mots ἀνδρών, ἀνδρωνίτις, et γυναικωνίτις sont employés de manière exceptionnelle pour désigner des ateliers. Le sens habituel du mot ἀνδρών est *salle de banquet*[154] (Plutarque, *Alcibiade*, IV, 5, 4) ou *appartement des hommes* (Xénophon, *Économique*, IX, 5, 1), alors que γυναικωνίτις signifie l'*appartement des femmes*[155] (Xénophon, *Économique*, IX, 5, 1). M.-Chr. Hellmann considère que ces deux mots peuvent avoir respectivement le sens d'*ateliers réservés aux hommes* et d'*ateliers réservés aux femmes* dans les inscriptions de Délos.[156]

L'équipement

Enfin, nous connaissons quelques mots désignant l'équipement des installations commerciales. Un passage de Platon (*Apologie de Socrate*, 26d-e) parle de τράπεζαι, des *tables*, sur lesquelles on vendait des livres. Beaucoup plus nombreuses sont les mentions du mot τηλία, *planches*, disposées en carré (*Etym. Magnum*, *s.v.* τηλία 756, 56) ou en cercle (*Etym. Magnum*, *s.v.* τηλία 757, 6). Elles étaient fixées entre elles et servaient à la vente de la farine (*Etym. Magnum*, *s.v.* τηλία 756, 56 ; Schol. Aristophane, *Ploutos*, 1037), mais aussi aux jeux de dès (*Etym. Magnum*, *s.v.* τηλία 757, 6) et à l'organisation des batailles de coqs (*Etym. Magnum*, *s.v.* τηλία 756, 56 ; Schol. Aristophane, *Ploutos*, 1037). Ces dispositifs fonctionnaient sur les marchés comme des installations commerciales temporaires, mais nous pouvons penser qu'ils servaient aussi à l'exposition des marchandises dans les installations permanentes.

Un passage d'Athénée (*Deipnosophistes*, XIII, 612 a) atteste qu'un vendeur de parfum était assis sous un parasol, σκιάδειον. Ce mot dérive du nom σκιά, qui signifie *ombre, obscurité, lieu caché*.[157] Les parasols devaient faire partie de l'équipement des commerçants installés à l'air libre.

Cette présentation du vocabulaire antique concernant les installations commerciales nous amène à quelques observations. La première est qu'il s'agit d'un vocabulaire relativement pauvre, avec peu d'innovations. D'une manière générale, on a eu recours à des mots dont le sens n'avait pas de rapport avec le commerce, comme τράπεζα, τηλία et σκηνή, ou à des mots au sens neutre, comme οἴκημα, pour désigner les installations commerciales. On a introduit les mots ἐργαστήριον, πωλητήριον et πρατήριον, pour désigner les ateliers et les boutiques, mais seul le premier a été largement employé. Le besoin de préciser l'activité artisanale ou commerciale était satisfait avec l'utilisation des mots composés ou des périphrases. Le nom du produit fabriqué ou vendu était accompagné du suffixe -εῖον ou -ποιεῖον quand il s'agissait d'un atelier, et -πώλιον ou -πωλεῖον quand il s'agissait d'une boutique. Le même principe était suivi quand on souhaitait préciser quel produit on vendait dans un marché : le mot ἀγορά était accompagné d'un mot composé du nom du produit vendu et du suffixe -πωλις. À Athènes, les marchés étaient désignés par le nom des produits qui y étaient vendus.

L'utilisation de ce vocabulaire n'était pas rigoureuse ; les termes généraux désignaient à la fois les boutiques et les ateliers et il en allait souvent de même pour les termes précis. Il en résulte une imprécision qui est révélatrice de l'organisation du commerce grec : l'activité dans les pièces polyvalentes changeait selon le locataire et les processus de production et de vente étaient étroitement liés ; la distinction entre la production et la vente, qui était possible dans la langue, n'était pas toujours faite dans la vie quotidienne. Étant donné que la production et la vente se faisaient primitivement dans le même local, il n'est pas étonnant que le mot ἐργαστήριον ait pris un sens très large et ait été employé pour décrire toutes ces installations. Les locaux consacrés exclusivement à la vente sont apparus plus tard et cela pourrait expliquer le fait que le mot πωλητήριον, dont le sens était peut-être trop précis, soit resté rare. Le vocabulaire grec correspondait bien, grâce à son imprécision et à sa plasticité, à la réalité qu'il devait décrire.

[154] ORLANDOS - TRAVLOS 1986, p. 21 ; GINOUVÈS 1998, 158-159.

[155] ORLANDOS - TRAVLOS 1986, p. 63 ; GINOUVÈS 1998, 161.

[156] HELLMANN 1992, 48-51, avec un inventaire de l'apparition du mot dans les inscriptions de Délos ; HELLMANN 1994, 135.

[157] CHANTRAINE 2009, p. 982 ; BEEKES 2010, p. 1350-1351.

Les critères d'identification des pièces polyvalentes

La pièce polyvalente étant par définition un local dont la destination exacte n'est pas connue,[158] son identification est fondée sur l'architecture et son emplacement. Les critères d'identification des pièces polyvalentes reposent sur l'observation de la configuration architecturale des boutiques et des ateliers installés dans des pièces et identifiés avec certitude.

Identification des ateliers et des boutiques

Les ateliers sont identifiés quand on retrouve *in situ* des installations caractéristiques liées à la production, des matières premières, des produits inachevés, des déchets de production et des outils. De telles découvertes permettent souvent de préciser la nature de l'activité artisanale qui se déroulait dans l'atelier. La présence d'un dallage en couronne au milieu duquel était installée une meule indique ainsi qu'il s'agissait d'une meunerie **(fig. 1)** et la découverte d'œuvres inachevées ou de poussière de marbre montre que la pièce abritait un atelier de marbrier ou de sculpteur.

Une boutique peut être identifiée grâce à la découverte d'une grande quantité de matériel du même type, sans traces qui indiquent que la production se faisait au même endroit. La présence de récipients qui servaient au stockage et à la vente des produits, la présence de balances, de poids, de mesures et de *sékômata* conduisent à l'identification des boutiques. Selon le matériel retrouvé dans une pièce, nous pouvons parfois savoir quels étaient les produits qui y étaient vendus. C'est ainsi que la découverte d'amphores à vin dans une pièce peut montrer qu'elle était la boutique d'un marchand de vin, alors que la découverte de vases contenant des parfums signifie que cette boutique était occupée par un marchand de parfums.

L'existence d'un des critères présentés ici suffit pour caractériser une pièce comme atelier ou boutique, mais, dans certains cas, l'identification est assurée par la coexistence de plusieurs de ces critères. Dans la plupart de cas, ce sont surtout les ateliers qui peuvent être identifiés avec certitude, puisqu'ils nécessitent souvent des installations très caractéristiques ; de plus, certains déchets de production sont résistants et aisément reconnaissables.

Identification des pièces polyvalentes

L'observation des locaux de production et de vente identifiés grâce à des trouvailles faites pendant la fouille, nous permet d'élaborer les critères d'identification des pièces polyvalentes.

La configuration architecturale est un premier indice : les pièces polyvalentes sont généralement isolées, mais elles communiquent parfois entre elles ou, plus rarement, avec un autre bâtiment **(fig. 2)**. Certaines ont une dépendance. Leur plan est simple, car il s'agit habituellement de pièces carrées ou rectangulaires et plus rarement trapézoïdales, et leurs dimensions varient considérablement.

Les pièces polyvalentes associées à des portiques présentent quelques caractéristiques particulières : elles se situent derrière la galerie du portique ou elles sont adossées au mur du fond **(fig. 3)**. Elles sont très régulières, de plan carré ou rectangulaire et de dimensions à peu près égales. Elles ne communiquent pas entre elles, mais elles ont parfois une dépendance. Cependant, les portiques qui entouraient les agoras hellénistiques n'étaient pas composés uniquement de locaux commerciaux ou artisanaux. Les pièces qui présentent un plan différent des pièces voisines ont souvent un usage différent, non

[158] *Supra*, p. 8.

commercial, comme on le verra plus loin.[159] Même la régularité des pièces ne constitue pas toujours une preuve irréfutable de leur caractère commerciale, comme le montre le cas du Portique Sacré de l'agora de Priène.[160]

À Délos, le grand nombre d'ouvertures ainsi que leur largeur, qui dépasse parfois les 2,50 ou même les 3 m ce qui est largement supérieur à la largeur des entrées d'habitations, peuvent constituer encore deux éléments d'identification des pièces polyvalentes[161] **(fig. 2)**. Quand les seuils sont conservés, ils peuvent aussi nous permettre de reconnaître une pièces polyvalente : ils portent parfois des traces qui nous autorisent à restituer un système de fermeture complexe,[162] qui ne se retrouve pas dans les seuils des habitations, ni dans ceux des édifices publics.

L'emplacement de ces pièces est aussi significatif. Les locaux de commerce se regroupent autour des endroits fréquentés. On les trouve de part et d'autre des rues principales des villes, aux carrefours, dans les agoras et les places publiques ou autour d'elles, aux abords ou, plus rarement, dans un sanctuaire, près des portes des villes et près du port. Les textes littéraires apportent une preuve supplémentaire ; l'agora et ses alentours est le lieu de commerce par excellence,[163] mais les rues[164] et les portes de la ville[165] sont aussi mentionnées.

Il faut enfin noter qu'un grand nombre de pièces polyvalentes est identifié dans les publications avec des ateliers ou des boutiques sur le seul critère de leur configuration architecturale et en l'absence de trouvailles permettant de retrouver leur fonction exacte. Cette identification est la plus vraisemblable et elle est confirmée par le grand nombre d'installations identifiées avec certitude, mais il ne faudrait pas la considérer comme assurée ou unique.[166] En effet, un passage d'Eschine montre que la fonction de ces pièces pouvait changer selon le métier de leur locataire et que cette fonction n'avait pas toujours un rapport avec l'artisanat ou le commerce.[167]

[159] *Infra*, p. 45-46.

[160] *Priene*, p. 192-203 ; RUMSCHEID 2010, p. 70-77.

[161] KARVONIS 2008b, p. 165.

[162] KARVONIS – MALMARY 2009, p. 214-218, 222-226.

[163] Aristophane, *Acharniens*, 872-880 ; *Cavaliers*, 1245-1247 ; *Paix*, 999-1009 ; *Assemblée des femmes*, 815-822 ; *Lysistrata*, 557-560 ; Lysias, *Pour l'invalide*, XXIV, 19, 3 ; Xénophon, *Mémorables*, IV, 2, 1, 10 ; Hypéride, *Contre Athénogènes A*, V, 9, 3.

[164] Eschine, *Contre Timarque*, I, 124, 1.

[165] Aristophane, *Cavaliers*, 1245-1247.

[166] CAHILL 2002, p. 81-82.

[167] Eschine, *Contre Timarque*, I, 124, 1.

Figure 1 : Meunerie de la Rue 12 à Délos

Figure 2 : Pièce 43 de la Rue du théâtre à Délos

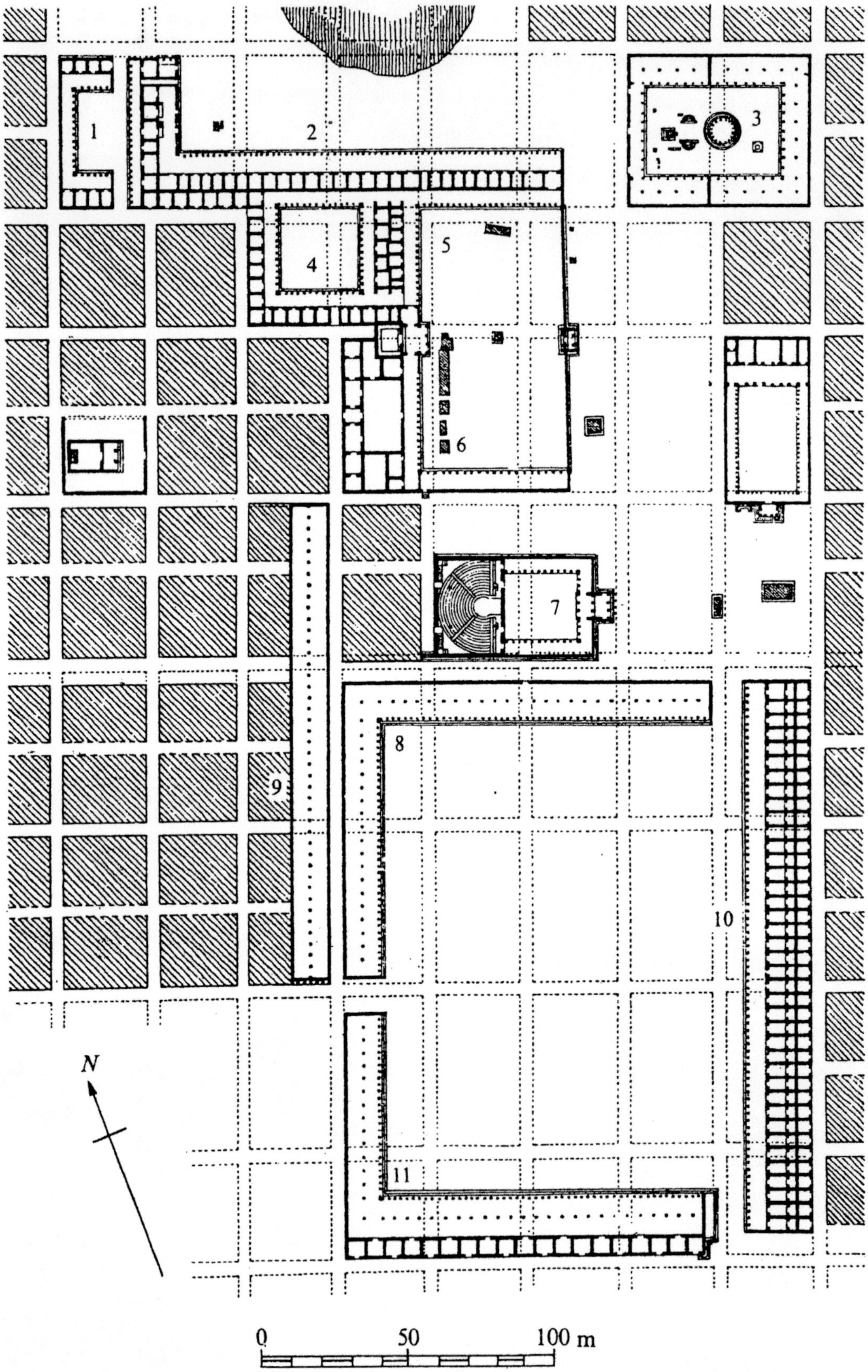

Figure 3 : L'agora Sud de Milet à l'époque hellénistique

L'apparition de la pièce polyvalente

Selon nos connaissances actuelles, les pièces polyvalentes apparaissent à l'époque archaïque. Afin de mieux comprendre comment la pièce polyvalente s'inscrit dans l'évolution des espaces de commerce, nous présentons les installations commerciales qui existaient avant son apparition.

Les installations commerciales de l'époque géométrique

Les témoignages archéologiques concernant les installations commerciales ou artisanales de l'époque géométrique sont limités. À Athènes, les seuls vestiges sont des fours de potiers, dont un a été retrouvé dans le Bâtiment A,[168] situé sous la Tholos, et un autre a été découvert au sud de l'Acropole.[169] À Oropos, un ensemble de maisons-ateliers a été mis au jour **(fig. 4)**. L'agglomération fouillée est identifiée avec la ville de Graia et les édifices datent du milieu du VIIIe à la fin du VIIe siècle av. J.-C..[170] Ils étaient regroupés dans des enceintes et ils étaient en rapport avec des habitations, des lieux de culte et des tombes.[171]

Des trouvailles comme des outils, des fours contenant des scories de métal et des cendres, des bijoux en bronze et en argent indiquent que certaines maisons-ateliers étaient consacrées au travail du métal. La découverte de fours de potier, de mottes d'argile, de l'argile et de la terre brûlée, montre que des potiers travaillaient dans d'autres maisons-ateliers. Le fouilleur estime que les édifices fouillés étaient à la fois le lieu de travail et le lieu d'habitation des artisans.[172]

L'examen des vestiges archéologiques confirme l'impression que nous donnent les textes littéraires : aucun bâtiment uniquement consacré au commerce n'a été découvert, mais on a pu identifier des installations artisanales. Les agoras et les rues voisines devaient être en partie occupées par des installations de vente temporaires. Les textes littéraires parlent d'une activité commerciale, dont les seuls vestiges matériels sont les ateliers d'Oropos et d'Athènes. On peut supposer que la plus grande partie du commerce se faisait sur des installations temporaires. Les maisons-ateliers d'Oropos sont regroupées en un quartier artisanal et montrent les origines de cette organisation qui devient fréquente dans les villes grecques pendant les périodes suivantes.

Les installations commerciales de l'époque archaïque

L'époque archaïque a fourni de nombreux vestiges liés à l'activité artisanale et commerciale. Il s'agit de restes de bâtiments, qui ont servi à la production et au commerce, ainsi que de trouvailles, qui attestent l'existence de cette activité, sans que son cadre architectural soit conservé. D'une manière générale, l'activité artisanale est mieux représentée que l'activité commerciale.

Les installations commerciales de l'époque archaïque présentent déjà une grande variété. On a identifié des bâtiments industriels à Corinthe[173] et à Athènes,[174] un atelier à Thasos,[175] une maison-atelier à

---

168 THOMPSON 1940, p. 3-8 ; MONACO 2000, p. 175-177.

169 PARLAMA – STAMBOLIDIS 2000, p. 32.

170 MAZARAKIS 1996, p. 115-116 ; MAZARAKIS 2002, p. 151.

171 MAZARAKIS 1996, p. 32-33, 37-40, 113 ; MAZARAKIS 1997, p. 75-76 ; MAZARAKIS 1998, p. 81.

172 MAZARAKIS 2002, p. 166-168.

173 *Corinth* XV, p. 11-28.

174 ZACHARIADOU – KYRIAKOU – BAZIOTOPOULOU 1985, p. 53-55 ; KARAGIORGA-STATHAKOPOULOU 1988, p. 95-96 ; ZACHARIADOU – KYRIAKOU – BAZIOTOPOULOU 1992, p. 53 ; BAZIOTOPOULOU-VALAVANI 1994, p. 47 ; MONACO 2000, p. 213-216.

175 *ÉtThas* XII, p. 211-212, 243 ; GRANDJEAN 1999, p. 161 ; GRANDJEAN – SALVIAT 2000, p. 123.

Corinthe[176] et les premières pièces polyvalentes, qui ont pu abriter des ateliers ou des boutiques. On a aussi retrouvé des traces d'activité artisanale, qui ne peuvent être mises en rapport avec des restes de bâtiments. L'activité artisanale qui a été le plus souvent reconnue est le travail de l'argile[177] ou du métal.[178]

Les pièces polyvalentes

Les premières pièces polyvalentes connues ont été découvertes à Corinthe et à Smyrne. Dans le Quartier des Potiers à Corinthe, l'existence de deux petites pièces à l'extrémité nord du Long Bâtiment Sud incite le fouilleur à supposer que cette partie était divisée en une série de boutiques, où l'on vendait de la céramique et qui ouvrait sur la rue voisine.[179] Ces pièces datent du dernier quart du VIe siècle av. J.-C. À Smyrne, E. Akurgal considère comme des boutiques quatre pièces de plan trapézoïdal, situées à l'ouest du Double Mégaron et datant du VIe siècle av. J.-C..[180] Elles donnent toutes sur une rue qui passe au sud **(fig. 5)**. Les côtés nord, est et ouest de la boutique XXV sont occupés par un muret sur lequel on devait exposer les marchandises.[181]

Si l'interprétation de ces pièces, qui repose uniquement sur leur configuration architecturale, est juste, l'apparition de la pièce polyvalente peut être datée de l'époque archaïque. La question qui se pose ensuite est de savoir pourquoi la pièce polyvalente apparaît sporadiquement à ce moment ; quel est le changement ou le processus d'évolution qui a conduit à l'introduction d'un nouveau type d'installation commerciale ? Les indices dont nous disposons montrent que la vente des produits continuait à se faire en majeure partie dans leurs lieux de production. Les différents ateliers occupaient toujours l'espace autour des agoras ou des axes de communication importants. Les bâtiments industriels de Corinthe s'inscrivent dans la suite des ateliers d'Oropos en ce qui concerne le regroupement des installations artisanales dans des quartiers spéciaux. En même temps, la présence des bâtiments industriels et, surtout, des pièces polyvalentes, semble indiquer qu'un changement important, mais qui ne s'imposera pas avant le IVe siècle av. J.-C., commence à avoir lieu : il s'agit de la différenciation entre le lieu de résidence et le lieu de travail des artisans et des commerçants. Dans le complexe du Quartier des potiers à Corinthe, les boutiques montrent une spécialisation dans l'utilisation des locaux d'un bâtiment qui regroupe plusieurs fonctions. À Smyrne, nous avons les premières installations de vente dissociées d'un local de production ou d'habitation de l'artisan ; en effet, les quatre boutiques sont indépendantes des constructions voisines et se situent dans un quartier d'habitation.

---

176 WILLIAMS – FISHER 1971, p. 7.

177 SHEAR 1933, p. 456-460 ; VANDERPOOL 1938, p. 363-411 ; VANDERPOOL 1946, p. 265-336 ; THOMPSON 1960, p. 332 ; *Agora* X, p. 56 ; *Agora* XIV, p. 186 ; GUGGISBERG 1988, p. 169 ; BAZIOTOPOULOU-VALAVANI 1994, p. 45 ; *Agora* XXVII, p. 13 ; BANAKA-DIMAKI 1997, p. 317 ; MORETTI 1998, p. 233-235

178 DONTAS 1967, p. 366-367 ; MATTUSCH 1977, p. 381-382, 389 ; WILLIAMS 1979, p. 127 ; *ÉtThas* XII, p. 314.

179 *Corinth* XV, p. 15.

180 *Alt-Smyrna* I, p. 52.

181 *Alt-Smyrna* I, p. 52.

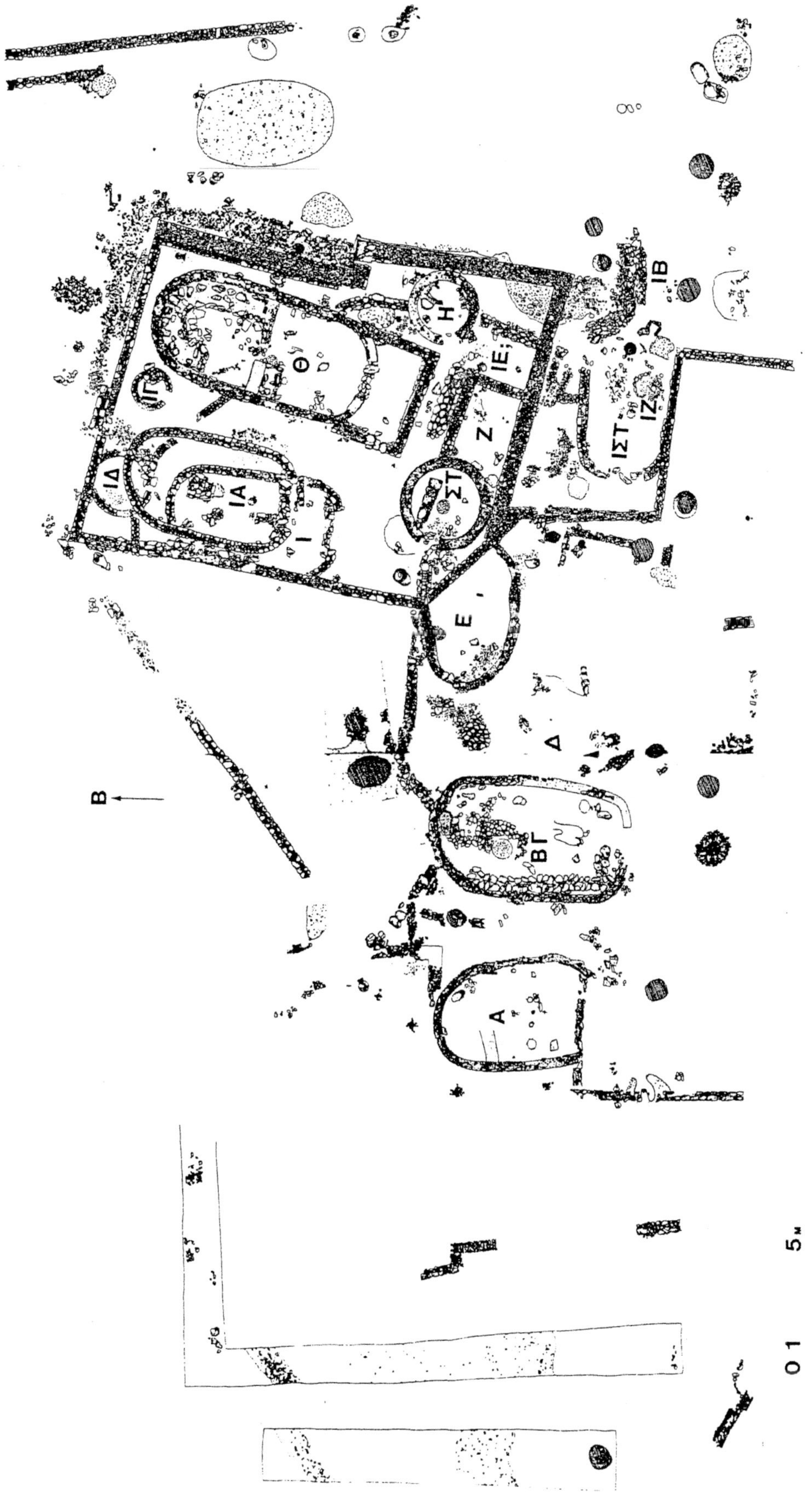

Figure 4 : Plan du quartier ouest d'O-opos

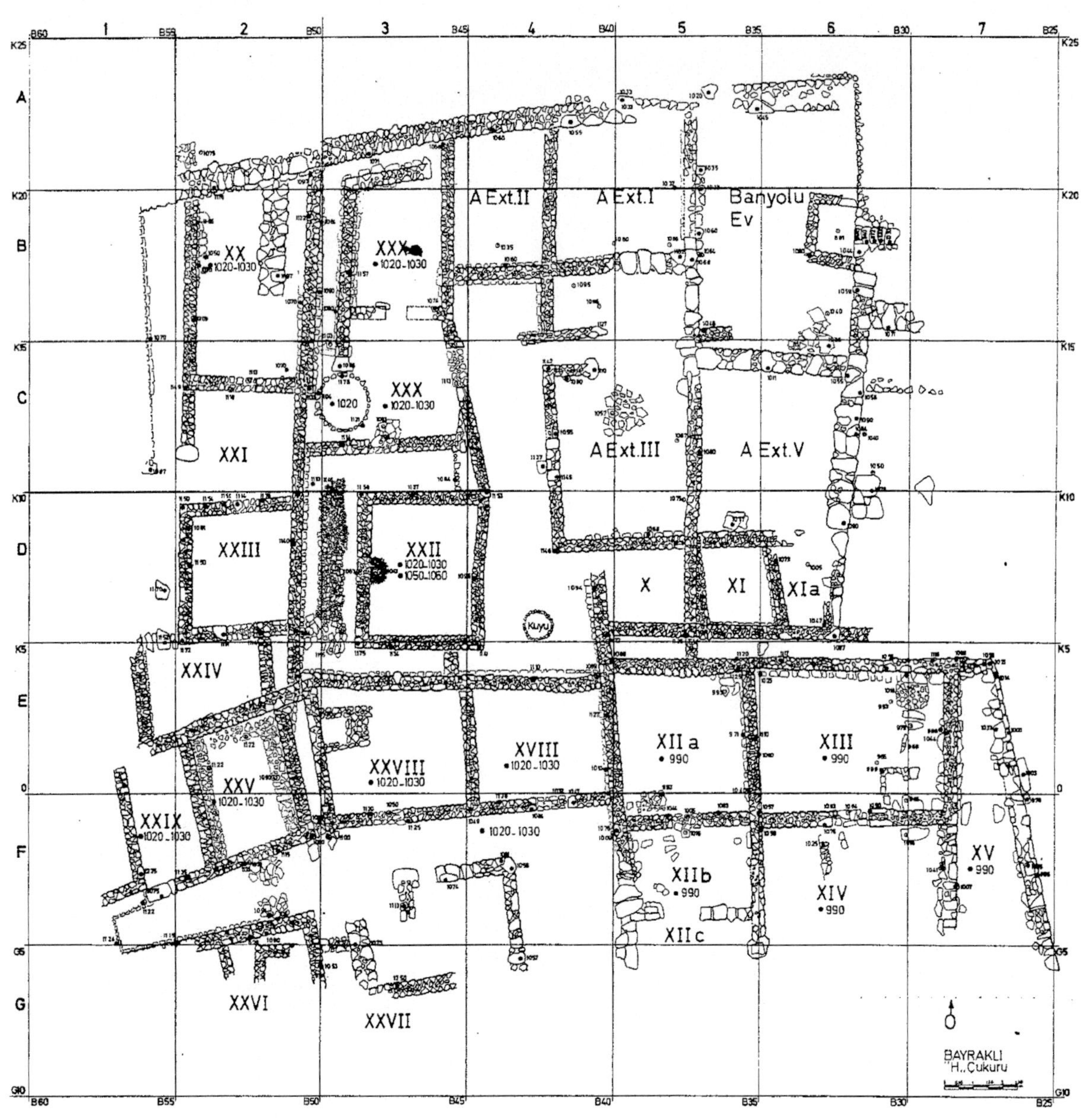

Figure 5 : Plan des boutiques de Smyrne

Activités attestées dans les pièces polyvalentes

Nous avons vu dans le chapitre consacré au vocabulaire antique des installations commerciales que leurs noms permettaient parfois de reconnaître l'activité à laquelle elles étaient consacrées.[182] Les fouilles ont permis de compléter nos connaissances en ce qui concerne les activités artisanales et commerciales.

Fabrication de produits alimentaires

Meuneries

Des meuneries sont attestées dans les textes épigraphiques sous le nom de μυλών[183] et on en a découvert plusieurs à Délos[184] **(fig. 1)**.

Presque tous les ateliers déliens se reconnaissent aisément grâce au dallage en forme d'anneau, qui indique l'emplacement d'un moulin rotatif.[185] Les meuneries déliennes sont de plan carré, rectangulaire ou irrégulier et donnent sur une ou deux rues. Dans quelques pièces on a retrouvé des mortiers et des meules. Les *pithoi* qui ont été trouvés dans certaines meuneries déliennes ont pu servir au stockage de grains.

Ateliers de production de vêtements

Les vêtements étaient surtout fabriqués dans les maisons, mais nous avons quelques teintureries installées dans des pièces polyvalentes.

Teintureries

Les sources littéraires antiques attestent l'existence de teintureries, appelées φαρμακῶνες chez Pollux[186] et φαρμακῶνες et βαφεῖα chez Hésychius.[187]

Deux ateliers de Latô ont été interprétés comme des teintureries, à cause du nombre de récipients d'eau qu'ils contenaient.[188] On y a trouvé plusieurs cuves communiquant entre elles, des bassins, et des canaux.

Ateliers de travail de l'argile

Les ateliers de potiers et de coroplathes sont aujourd'hui parmi les ateliers antiques les mieux connus, mais ils n'apparaissent pas souvent dans les textes antiques : on les trouve sous le nom de κεραμεῖον.[189] Malgré la relative pauvreté des sources écrites, nous possédons une documentation archéologique abondante. Les installations caractéristiques du travail de l'argile permettent aux fouilleurs de repérer facilement ces ateliers. Les potiers étaient surtout installés dans des bâtiments industriels, mais aussi dans des pièces polyvalentes, des maisons-ateliers et des édifices commerciaux.

---

[182] *Supra*, p. 11-12, 18-20.

[183] *SEG* 35 (1985), 136 ; *IG* XI 2, 287 *A*, l. 146, 156, 161, 171 ; *ID* 373 *B*, l. 6, 14 ; *ID* 445, l. 2.

[184] CHAMONARD 1906, p. 588, 591 ; *EAD* VIII, p. 211-212 ; CHADZIDAKIS 2003, p. 78.

[185] CHAMONARD 1906, p. 565 ; *EAD* VIII, p. 211-212 ; BRUNET 1997, p. 31-32.

[186] Pollux, *Onomasticon*, VII, 170, 2.

[187] Hésychius, *Lexique*, *s.v.* φαρμακῶνες 184, 1.

[188] DEMARGNE 1903, p. 208-209.

[189] Héychius, *Lexique*, s.v. κεραμεῖα 2262,1 ; *ID* 104 11 *A*, l. 24 ; *IG* XI 2, 138 *B* e, l. 4, 6.

Ateliers de potiers et de coroplathes

De nombreux ateliers de potiers et de coroplathes ont été identifiés. Ils se reconnaissent grâce à la découverte de fours pour la cuisson des vases et des figurines, de produits achevés, de moules, de supports de vases pour la cuisson, de ratés de cuisson, de mottes d'argile, de restes de couleur pour l'application de la peinture et de dépotoirs.[190] Les coroplathes travaillaient souvent dans les mêmes ateliers que les portiers.[191]

Des ateliers de fabrication de bols à reliefs, de lampes et de vases étaient installés dans les pièces de la partie sud du portique est de l'agora de Pella[192] **(fig. 6)**. Des ateliers de potiers occupaient aussi des pièces de la partie ouest du côté sud de l'agora.[193] Des ateliers de coroplathes ont été identifiés dans des pièces de l'agora de Pella.[194]

L'un des deux édifices commerciaux découverts sous la Bibliothèque de Pantainos à Athènes abritait un atelier de coroplathe à l'époque classique.[195] Un autre atelier de coroplathe a été identifié dans une pièce de l'Agora des Italiens à Délos.[196]

On a supposé qu'un atelier de fabrication de bols à reliefs était installé dans l'une des pièces du côté ouest de l'agora de Limani Pacha à Sounion, mais cette identification est assez fragile, puisqu'elle repose sur la découverte d'un seul moule de bol à reliefs à l'ouest de l'agora.[197]

Ateliers de travail de la pierre

Les ateliers où l'on travaillait la pierre sont bien attestés par l'archéologie. Les marbriers travaillaient dans des pièces polyvalentes, dans des édifices commerciaux et dans leurs habitations.

Ateliers de tailleurs de pierre, de marbriers ou de sculpteurs

Les ateliers de tailleurs de pierre, de marbriers ou de sculpteurs sont identifiés grâce à la découverte de poudre et d'éclats de marbre, d'outils et d'œuvres terminées ou inachevées.[198] Deux cuves circulaires en marbre, encastrées dans le sol de la pièce 106 de l'Agora des Italiens à Délos, ont pu servir au stockage de l'eau qui était nécessaire dans un atelier de sculpture pour le travail des modèles en terre cuite et pour le refroidissement des outils.[199]

La découverte de deux fragments de sculptures inachevées au sud de l'Agora des Déliens a fait penser qu'il y avait à cet endroit un atelier de sculpteur, mais sa localisation est incertaine : il pouvait se trouver dans une des pièces de l'Agora des Déliens ou dans une des pièces de l'îlot XIV.[200] Un atelier a été repéré

---

[190] *Corinth* XV ; MAKARONAS 1963, p. 200-206 ; VELENIS 1987, p. 12 ; CHADZIPOULIOU 1988, p. 30-31 ; ARCHONTIDOU 1989, p. 402 ; ADAM-VELENI 1996, p. 13-15 ; BANAKA-DIMAKI 1997, p. 318-319 ; MORETTI 1998, p. 234-235 ; PARLAMA – STAMBOLIDIS 2000, p. 34-35.

[191] *Corinth* XV ; ARCHONTIDOU 1989, p. 402 ; ALEXOPOULOU 1990, p. 142 ; ARCHONTIDOU 1990, p. 398 ; PREKA-ALEXANDRI 1992, p. 41-52 ; ADAM-VELENI 1996, p. 1-22.

[192] AKAMATIS 1990c, p. 179-180 ; AKAMATIS 1993, p. 19-20 ; LILIMPAKI-AKAMATI – AKAMATIS 2003, p. 41, 46.

[193] AKAMATIS 1990c, p. 179.

[194] AKAMATIS 1990c, p. 179-180 ; SIGANIDOU – AKAMATI 1996, p. 17 ; AKAMATIS 1999, p. 476 ; LILIMPAKI-AKAMATI – AKAMATIS 2003, p. 41, 46.

[195] SHEAR Jr 1975, p. 359.

[196] *EAD* XIX, p. 63 ; BRUNET 1998, p. 684.

[197] SALLIORA-OIKONOMAKOU 1979, p. 169.

[198] *EAD* XIX, p. 63 ; KARAMITROU – VATALI 1999, p. 369-398 ; EUSTRATIOU 2000, p. 105-111.

[199] JOCKEY 1993, p. 469-470.

[200] JOCKEY 1993, p. 454.

dans la pièce BG du Quartier de Skardhana à Délos,[201] mais son identification n'est pas admise par tous les spécialistes[202]

Un atelier de marbrier, datant de la fin du IIIe siècle av. J.-C., était installé dans la pièce à l'extrémité sud de l'édifice commercial au nord de la Stoa Poikilè **(fig. 7)**. Il a été identifié à la suite de la découverte d'éclats et de poussière de marbre.[203] Un autre atelier de marbrier était situé dans une pièce de l'édifice commercial est sous la basilique romaine au IIe siècle av. J.-C. ; son identification repose sur la découverte d'éclats de marbre.[204]

Forges

Les inscriptions de Délos contiennent plusieurs attestations du mot σιδηρεῖον,[205] sans pour autant en fournir une description. Comme le travail du bronze et le travail du fer pouvaient coexister dans le même local, la forge pouvait aussi s'appeler χαλκῆον.[206]

Un atelier du IVe siècle av. J.-C. où l'on travaillait à la fois le fer et le bronze fonctionnait dans une des pièces de l'édifice commercial au nord de la Stoa Poikilè.[207] Un autre atelier métallurgique du milieu du IVe siècle av. J.-C. se trouvait dans une pièce de l'édifice commercial est, sous la basilique romaine.[208] Une forge a été identifiée, grâce aux scories de fer, dans l'édifice commercial est, sous la basilique romaine ; elle date du IIe siècle av. J.-C..[209] La pièce A du Bâtiment en briques contenait aussi des scories de fer et était, peut-être, une forge.[210] Des ateliers métallurgiques ont été trouvés sur le côté sud de l'agora de Pella. Leur identification est assurée par la découverte de poids, de crampons et de scories de fer et de bronze.[211]

Ateliers de travail de plomb

Des ateliers où l'on travaillait le plomb ont été trouvés sur les côtés nord et ouest de l'agora de Limani Pacha à Laurion **(fig. 8)**. Leur identification est assurée par la découverte de scories, de lingots de plomb, de litharge, de fosses avec des restes de plomb coulé, de briques appartenant à de petits fours, et d'objets en plomb.[212]

Ateliers de production d'objets divers

Verreries

Un atelier de fabrication de verre a été découvert à Délos. Il est composé de trois pièces de plan rectangulaire et on ne sait pas s'il s'agit d'un seul atelier ou de trois ateliers indépendants. On y a retrouvé des objets et des éléments de parure en verre, ainsi que des déchets de fabrication de verre. La découverte d'une grande quantité de céramique indique que les ateliers vendaient, outre les objets en

---

201 *EAD* XXVII, p. 69.
202 JOCKEY 1993, p. 427-428, 461.
203 SHEAR Jr 1984, p. 45.
204 SHEAR Jr 1973, p. 140.
205 *IG* XI 2, 199 *A*, l. 94 ; *IG* XI 2, 201 *A*, l. 13 ; *IG* XI 2, 203 *A*, l. 26.
206 Hérodote, *Histoire, Cleio*, I, 68, 1 : ἐλθὼν ἐς χαλκῆον ἐθηεῖτο σίδηρον ἐξελαυνόμενον (« entré dans une forge, [Lichas] regardait battre le fer »).
207 SHEAR Jr 1984, p. 43-47 ; CAMP 1996, p. 236-241.
208 SHEAR Jr 1971, p. 266.
209 SHEAR Jr 1973, p. 140.
210 *Agora* XXVII, p. 111-112.
211 AKAMATIS 1990a, p. 426 ; AKAMATIS 1990c, p. 180 ; LILIMPAKI-AKAMATI – AKAMATIS 2003, p. 146.
212 SALLIORA-OIKONOMAKOU 1979, p. 168-169 ; SALLIORA-OIKONOMAKOU 2004, p. 53, 55.

verre qui étaient fabriqués sur place, de la vaisselle et du mobilier en céramique.[213] D'autres verreries existaient à Délos et elles se situaient dans la haute vallée de l'Inopos et au sud du Samothrakeion, comme le montre la découverte de déchets de production, d'inachevés et de perles en verre.[214] Les bâtiments mêmes n'ont pas été localisés. Les déblais d'un atelier de verrier ont été retrouvés dans l'oikos 2 de l'Aphrodision, où ils avaient été utilisés comme remblais pour la construction de l'oikos.[215]

Ateliers de fabricant d'auloi

Un atelier de fabricant d'*auloi* a été localisé à Délos, à l'est du sanctuaire d'Apollon. Son identification est assurée par la découverte de fragments d'*auloi*, ainsi que d'instruments inachevés.[216]

Des fragments d'*auloi* inachevés ont été retrouvés à l'est du Monument de Granit.[217] La proximité du matériel aux pièces du rez-de-chaussée du Monument de Granit a conduit à l'hypothèse selon laquelle un atelier de fabricant d'*auloi* y aurait été installé.[218] Si la fonction commerciale des pièces est du Monument de Granit est indéniable, grâce à leur configuration architecturale, l'identification avec un atelier de fabricant d'*auloi* reste hypothétique.

Ateliers de marchands de couleurs

J. Chamonard a supposé que la pièce 41 **(fig. 9)** de la Rue du Théâtre à Délos pouvait être un atelier de broyeur de couleurs. On y a trouvé deux tables en marbre, dont une avait un rebord saillant avec un orifice d'écoulement. Un four en brique se trouvait dans l'angle nord-est de la pièce et une amphore était enfoncée dans le sol près du four. Un dallage occupait l'angle sud-ouest. D'après J. Chamonard, on écrasait peut-être les couleurs en poudre en les frottant sur les deux tables et on les malaxait dans quelque liquide.[219]

Locaux de production d'activité non identifiée

La fabrication de certains produits nécessitait des installations permanentes, que l'on découvre aujourd'hui sans pouvoir toujours les interpréter. Leur ressemblance avec des installations appartenant à des ateliers bien identifiés nous autorise à y reconnaître une activité artisanale, mais, faute de trouvailles significatives, on ne peut pas préciser cette activité.

À Éleusis, on a découvert une pièce souterraine, de plan carré, à laquelle on accédait par un escalier en pierre.[220] Des coquilles de *murex*, une amphore contenant des restes d'une substance rouge, une cavité remplie de cendres et des masses de plomb ont été retrouvés dans la pièce.

À Érétrie, on a repéré un atelier composé de deux pièces de plan rectangulaire, qui pourrait être indépendant ou faire partie de constructions au sud de la Maison I, mais son rapport avec les autres pièces n'est pas clair. Une construction circulaire aux parois en pierre et dont le fond est en plaques de gneiss a été interprétée comme bassin pour la préparation de l'argile ; elle a aussi été mise en relation avec un pavement en plaques de terre cuite situé dans la pièce arrière et interprétée ainsi comme un pressoir à huile.[221]

---

213 BRUNET 1998, p. 684 ; *EAD* XXXVII, p. 160, 162-164, 191.
214 *EAD* XXXVII, p. 165 ; SIARD 2002, p. 539.
215 DURVYE *et alii* 2008, p. 804.
216 BIZARD – ROUSSEL 1907, p. 483-484 ; BÉLIS 1998, p. 784-786 ; BRUNET 1998, p. 684.
217 *EAD* XVIII, p. 325 ; *EAD* XXIV, p. 104.
218 BRUNET 1998, p. 684 ; BÉLIS 1998, p. 786-788.
219 *EAD* VIII, p. 212.
220 PAPAGELI 1991, p. 39.
221 *Eretria* X, p. 58.

À Délos, les pièces 21 et 25 de la Rue supérieure du Théâtre devaient être des ateliers, mais leur destination nous échappe. Il s'agit de petites pièces de plan rectangulaire, donnant sur la Rue supérieure du Théâtre. La pièce 21 comportait une construction rectangulaire, peut-être un bassin. La pièce 25 est dallée de gneiss dans sa partie est, alors que la partie ouest est occupée par un espace revêtu d'enduit hydraulique.

L'activité de l'atelier de l'îlot I de la Porte de l'Hermès à Thasos reste également inconnue. On signale l'existence d'un puisard et de plusieurs rigoles creusées dans le rocher.[222]

La pièce VII, 13c de l'îlot entre la rue principale et la rue est à Pergame était un atelier, comme le montre la découverte de deux fours, d'un canal taillé dans le rocher et recouvert de plaques en terre cuite et de deux citernes,[223] mais ces installations ne nous renseignent pas sur sa destination.

Boutiques de produits alimentaires

Les boutiques spécialisées dans la vente de produits alimentaires sont les seules suffisamment représentées dans notre corpus de sources pour qu'elles puissent être classées dans une catégorie à part. Les textes littéraires fournissent beaucoup de renseignements, tandis que les fouilles ont mis au jour un grand nombre de pièces où l'on vendait des produits alimentaires.

Tavernes

Les textes littéraires et épigraphiques offrent quelques attestations de boutiques de marchands de vin, appelées καπηλεῖα,[224] mais ne donnent aucune description.

En effet, une boutique de marchand de vin, datant de l'époque classique, a été découverte à Athènes ; elle appartenait à un des édifices commerciaux situés sous la Bibliothèque de Pantainos **(fig. 10)**. Son identification repose sur la découverte d'une grande quantité d'amphores et de vases à boire dans le puits de la cour d'un des deux édifices.[225] Les pièces du Portique Sud de Corinthe ont été identifiées avec des tavernes ; la grande quantité de vases à boire et de récipients qui contenaient du vin le prouve. Les boissons étaient gardées au frais dans les puits qui étaient forés sous le sol de chaque boutique.[226] Une boutique de marchand de vin a été identifiée à l'angle sud-ouest de l'agora de Priène, grâce à la découverte d'une grande quantité de tessons d'amphores et de vases à boire.[227] Les fouilles dans le Quartier résidentiel de Pergame ont conduit à l'identification d'une boutique de marchand de vin, datant du milieu du Ier siècle av. J.-C..[228] Il s'agit de la boutique XI, 4. Son identification est fondée sur la découverte de *pithoi*, de niches pour le stockage des amphores et d'une grande quantité de céramique.[229] Une taverne a été découverte dans le même quartier de la ville de Pergame.[230] La pièce date de la seconde moitié du IIe siècle av. J-C., mais elle a certainement fonctionné comme taverne à partir du début du Ier siècle ap. J.-C. Cependant, il n'est pas exclu qu'elle ait eu la même fonction avant cette date.

[222] GRANDJEAN - SALVIAT 2000, p. 101.
[223] *AvP* XV 3, p. 39-40.
[224] Plutarque, *Timoléôn*, 14.3 ; Pollux, *Onomasticon*, VII, 193, 6 et IX, 34, 40 ; *IG* III, 3 App. 70, 71, 87.
[225] SKERLOU 1994, p. 357-358.
[226] *Corinth* I, IV, p. 61, 64, 98-99 ; CASKEY 1954, p. 52-53.
[227] *Priene*, p. 214, 295-296.
[228] *AvP* XV 3, p. 199-200.
[229] RADT - ROMBOCK 1976, p. 316 ; RADT 1999, p. 86, 110 ; *AvP* XV 3, p. 143.
[230] *AvP* XV 4, p. 30-36.

Boutiques de marchands de vin ou d'huile

La pièce d de la maison A vii 9 sur la Colline Nord d'Olynthe a été considérée comme une boutique de marchand de vin ou d'huile **(fig. 11)**.[231] Son identification repose surtout sur la présence de onze vases en terre cuite et sur la découverte d'un pressoir à raisins ou à olives dans une pièce de la maison A vii 9.[232]

Boutiques de marchands de liquides ou de céréales

Des boutiques de marchands de liquides ou de céréales ont été repérées dans l'agora de Pella. Elles ont été identifiées grâce à la découverte d'amphores et de *pithoi* remplis de céréales ou d'amphores à vin.[233]

À Délos, on trouve quelques pièces avec des récipients enfoncés dans le sol, souvent entourés d'une mosaïque à tuileaux et des mortiers **(fig. 12)**. Les récipients peuvent être des cuves en marbre, des vases en terre cuite ou des amphores. Le sol de ces pièces était parfois recouvert de mortier. J. Chamonard a supposé qu'il pourrait s'agir de boutiques où l'on vendait des céréales ou des produits liquides.[234] Cette hypothèse est vraisemblable, mais elle ne peut être considérée comme assurée. Elle n'est pas non plus la seule possible. On trouve assez souvent des cuves ou des jattes enfoncées dans le sol des pièces polyvalentes déliennes et elles ne peuvent pas toujours être associées au commerce de produits alimentaires. Nous avons vu qu'un atelier de sculpteur installé dans une pièce de l'Agora des Italiens avait deux cuves en marbre[235] ; un atelier de coroplathe, installé également dans l'Agora des Italiens, avait une jatte en terre cuite.[236] La présence d'une cuve ou d'une jatte isolée ne suffit pas pour retrouver l'activité qui se déroulait dans la pièce. Il s'agissait probablement d'un équipement qui pouvait servir à plusieurs fins. Dans deux pièces du Quartier du théâtre on trouve à la fois des cuves en marbre et des jattes en terre cuite.[237] La coexistence de ces deux matériaux doit avoir un sens qui nous échappe. L'emplacement de la pièce 4 de la Rue du théâtre, ainsi que l'aspect des récipients, nous font penser que l'hypothèse de J. Chamonard pour un commerce alimentaire est possible. La pièce 1 de la Rue supérieure du théâtre pouvait avoir la même fonction, mais une utilisation artisanale n'est peut-être pas à exclure. En effet, ces pièces ont également été interprétées comme des ateliers de foulons. À Delphes, on a découvert, dans le secteur de la Villa Nord-Est, une pièce avec deux cuves, enfoncées dans le sol et entourées de dalles de terre cuite et de dalles de marbre. Des trous de poteaux dans le sol et dans les murs ont été interprétés comme des encastrements pour la fixation d'une passerelle. La pièce date du VIe ou du VIIe siècle ap. J.-C. Les fouilleurs ont pensé qu'il s'agissait d'un atelier de foulon ou d'une tannerie.[238] On a également proposé d'identifier les pièces déliennes avec des ateliers de foulons.[239]

Boucheries

On a peu de mentions de boucheries, κρεωπώλιον, dans la littérature antique ; la plus intéressante se trouve peut-être chez Pollux et réunit le vocabulaire employé pour la vente de la viande.[240]

Une boucherie fonctionnait à l'époque classique dans un des édifices commerciaux sous la Bibliothèque de Pantainos à l'Agora d'Athènes, comme en témoignent les os trouvés dans le puits désaffecté

231 CAHILL 2002, p. 246.

232 *Olynthus* VIII, p. 125 ; CAHILL 2002, p. 240, 246.

233 AKAMATIS 1990a, p. 426 ; AKAMATIS 1990c, p. 180 ; LILIMPAKI-AKAMATI – AKAMATIS 2003, p. 146.

234 CHAMONARD 1906, p. 565 ; *EAD* VIII, p. 212 ; *EAD* XIX, p. 63.

235 *Supra*, p. 30.

236 *Supra*, p. 30.

237 CHAMONARD 1906, p. 577 ; EAD VIII, p. 212 ; KARVONIS-MALMARY 2012, p. 267-271.

238 DÉROCHE – PETRIDIS – BADIE 1996, p. 848-849 ; PETRIDIS 2004, p. 253.

239 MONTEIX 2011, p. 14-15.

240 Pollux, *Onomasticon*, VII, 25, 2.

appartenant à un des deux édifices. Les os appartenaient à des vaches, des moutons, des chèvres et des porcs et la boucherie pouvait vendre de la viande à la taverne identifiée dans ces mêmes édifices.[241]

Boucheries et poissonneries

Un dépôt d'os et d'arêtes découvert devant le stylobate sud de l'agora de Pella montre qu'il y avait à cet endroit une boutique de marchand de viande et de poisson.[242]

Boutiques de produits divers

Nous regroupons ici des boutiques qui ne vendaient pas de produits similaires, mais qui sont attestées par les sources.

Boutiques de marchands d'objets en bronze

Une boutique de la Colline Sud d'Olynthe vendait peut-être des petits objets en bronze, puisqu'on y a retrouvé vingt-huit hameçons, un relief, un masque, un anneau et une fibule en bronze.[243]

Boutiques de verriers

Les boutiques α à δ de la place à l'ouest de l'îlot des bronzes à Délos, ont livré une grande quantité de matériel en verre, ce qui a conduit à l'hypothèse que des objets en verre pouvaient y être vendus.[244]

Boutiques de marchands de couleurs

On a proposé d'identifier la pièce EL de l'îlot des bronzes à Délos avec une boutique de marchand de couleurs. Cette identification repose sur la découverte d'un bassin rectangulaire, revêtu d'enduit hydraulique et portant des traces de poudre rouge.[245]

Boutiques de marchands de tissus

Un fragment de Zénon atteste l'existence de boutiques de marchands de tissus, appelées ἐριοπώλια,[246] sans pour autant en donner la moindre description.

On n'a pu reconnaître ces boutiques avec certitude, à cause de la nature périssable des marchandises, mais N. Cahill pense que certaines boutiques d'Olynthe étaient consacrées à la vente de tissus fabriqués dans les maisons. Son identification repose sur la découverte d'une grande quantité de pesons dans les maisons et sur l'hypothèse que les boutiques appartenaient aux propriétaires de ces maisons.[247] Ces hypothèses ne peuvent être vérifiées ni réfutées, puisqu'il est impossible de retrouver avec certitude le mode de fonctionnement des boutiques.

---

[241] SHEAR Jr 1975, p. 359.
[242] AKAMATIS 1990c, p. 182 ; LILIMPAKI-AKAMATI – AKAMATIS 2003, p. 46.
[243] *Olynthus* XII, p. 292.
[244] *EAD* XXXVII, p. 192.
[245] *EAD* XXXVIII, p. 104.
[246] Zénon Stoic., *Fragments*, 246, 9.
[247] CAHILL 2002, p. 112-113, 121.

Boutiques de marchands de céramique

L'existence de boutiques de marchands de céramique, appelées κεραμοπωλεῖα, est attestée par un passage de Pollux.[248]

Des boutiques de marchands de céramique se trouvaient dans l'agora de Limani Pacha à Laurion, comme l'indique la grande quantité de la céramique découverte dans l'agora ; on a trouvé des bols à reliefs, des lampes, des plats et des *unguentaria*.[249]

Boutiques de marchands de parfums

Des boutiques de marchands de parfums ont été repérées dans la partie nord du côté ouest de l'agora de Pella, grâce à la découverte de leurs contenants.[250]

---

[248] Pollux, *Onomasticon*, VII, 161, 5.

[249] SALLIORA-OIKONOMAKOU 1979, p. 169 ; SALLIORA-OIKONOMAKOU 2004, p. 53.

[250] SIGANIDOU - AKAMATI 1996, p. 17 ; LILIMPAKI-AKAMATI - AKAMATIS 2003, p. 46.

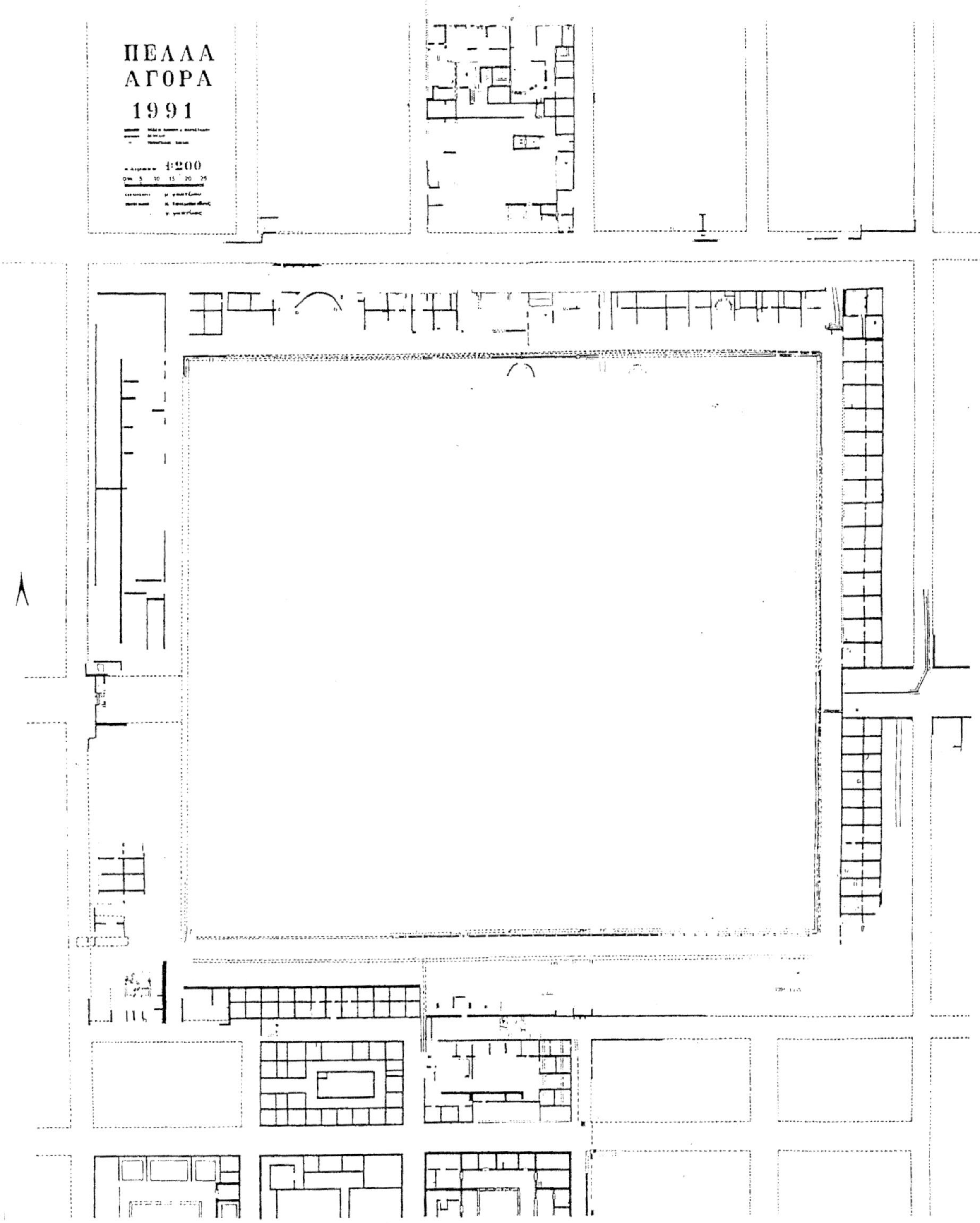

Figure 6 : Plan de l'agora de Pella

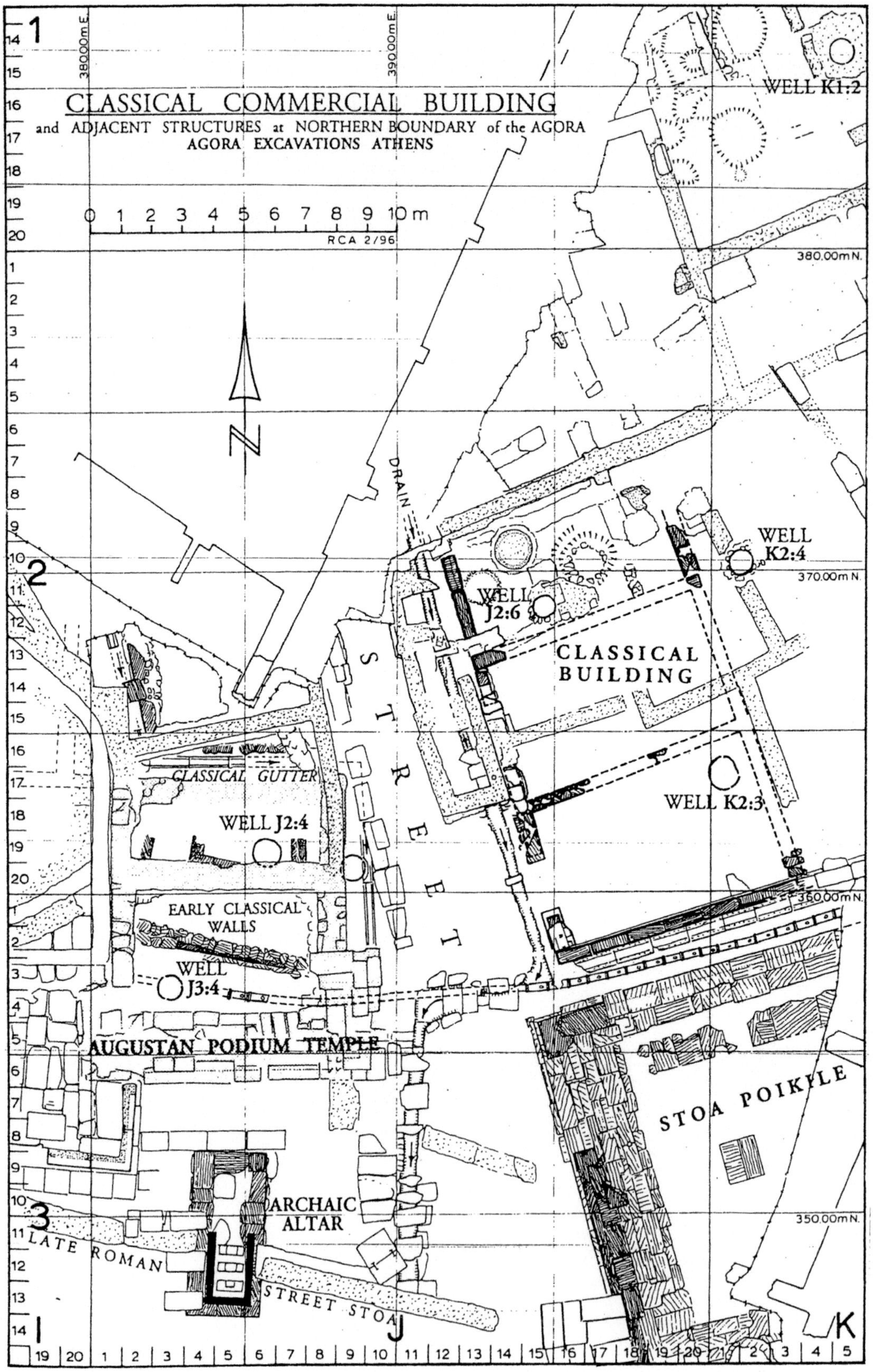

Figure 7 : Plan de l'édifice commercial au nord de la Stoa Poikilè à Athènes

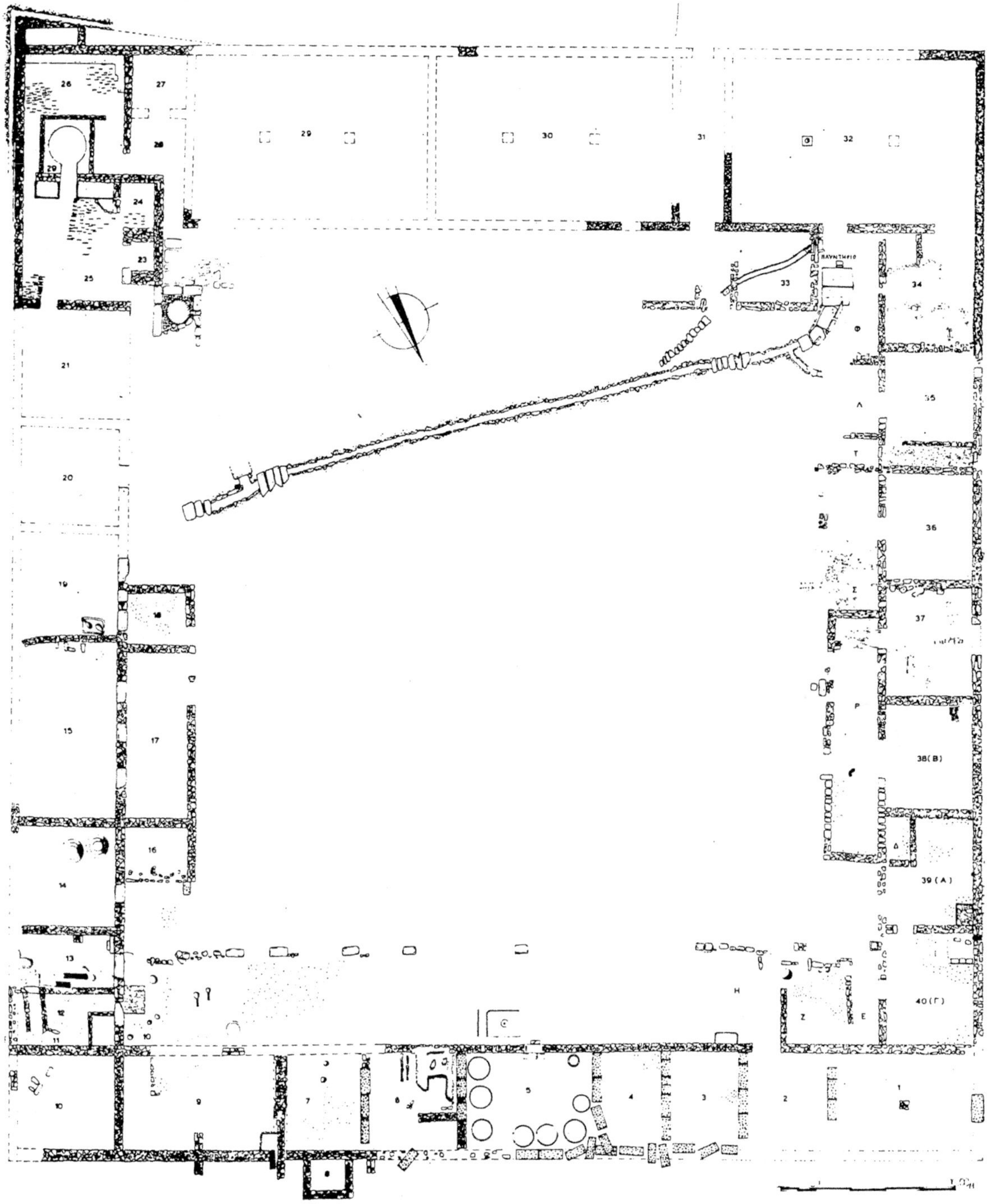

Figure 8 : Plan de l'agora de Limani Pacha

Figure 9 : Pièce 41 de la Rue du théâtre à Délos

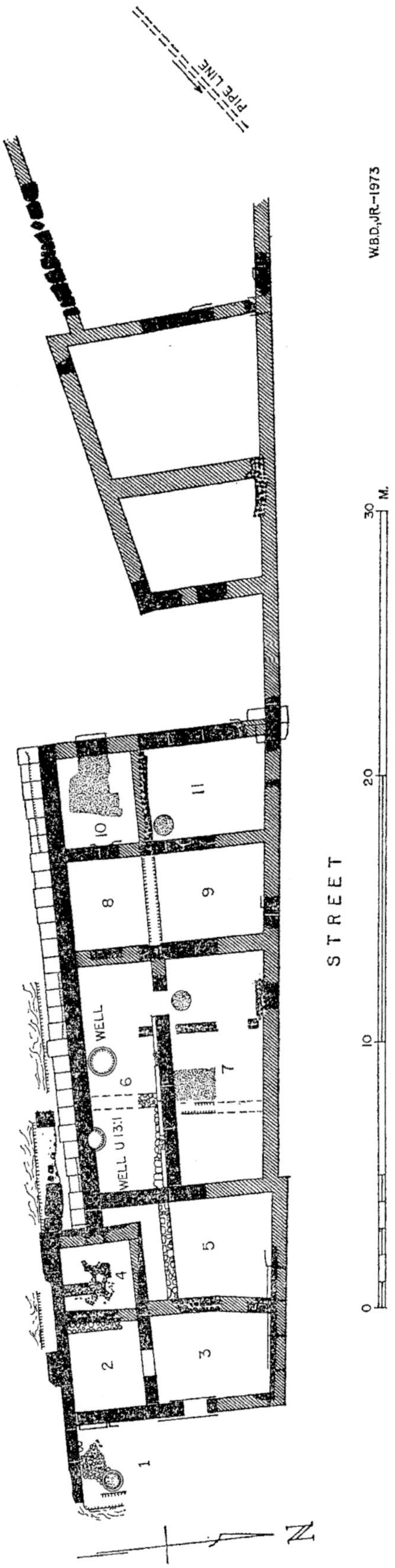

Figure 10 : Plan des édifices commerciaux sous la Bibliothèque de Pantainos

Figure 11 : Pièce d de la Maison A vii 9 de la Colline Nord d'Olynthe

Figure 12 : Pièce 4 de la Rue du théâtre à Délos

Les caractéristiques des pièces polyvalentes

Nous avons noté, dans la définition des pièces polyvalentes, que leur destination exacte n'était pas connue, mais que leur configuration architecturale montre qu'elles ont pu servir à des fins économiques.[251] Nous présentons ici les caractéristiques des pièces polyvalentes, que nous avons brièvement exposées dans le chapitre consacré à leur identification.[252]

Emplacement et rapport avec les édifices environnants

Les pièces polyvalentes sont situées en bordure des agoras et des places publiques ou le long des rues, vers lesquelles elles ouvrent. Elles se trouvent aussi autour des sanctuaires, ainsi que près du port dans les villes maritimes. Elles sont associées à des bâtiments privés, publics, associatifs ou cultuels.

Il y a une grande concentration de boutiques et d'ateliers autour des agoras.[253] Les textes ne décrivent pas ces installations, mais l'étude de celles qui sont certainement identifiées nous invite à penser que la plupart était installé dans des pièces polyvalentes. En effet, les portiques qui entourent les agoras des villes hellénistiques sont très souvent dotés de pièces polyvalentes ; on en trouve à Pella,[254] à Magnésie du Méandre[255] et à Pergame,[256] pour ne citer que quelques exemples. À Athènes, les édifices commerciaux situés autour de l'Agora sont presque tous constitués de pièces polyvalentes.[257] Rares sont les cas où les installations mentionnées dans les inscriptions ont été retrouvées sur le terrain. À Délos, les inscriptions parlent des « revenus de locaux situés dans l'agora » : ces locaux, appelés *oikemata* dans l'inscription, ont été identifiés avec les pièces du Portique Coudé de l'Agora des Déliens.[258] À Milet, deux inscriptions mentionnent le portique d'Antiochos, qui borde l'Agora Sud **(fig. 3)**[259] ; on apprend qu'Antiochos Ier avait l'intention d'offrir au sanctuaire d'Apollon à Didymes un portique d'où proviendraient des revenus annuels. Ce portique a été identifié sur le site[260] et l'existence de pièces polyvalentes fait penser que les revenus dont parlent les inscriptions provenaient de la location de ces locaux.

Les pièces polyvalentes se situent aussi autour des places publiques. À Délos, quatre boutiques et ateliers se trouvent à l'ouest de la place de l'îlot des bronzes.[261] La place du Monument des Tritopatores, située au sud du sanctuaire d'Apollon **(fig. 13)**, est bordée de pièces polyvalentes du côté est et ouest.

Un grand nombre de pièces polyvalentes se trouve en bordure des rues qui traversent les villes. Un passage d'Eschine se réfère précisément aux « ateliers qui bordent les rues »[262] et les fouilles ont dégagé des rues bordées de pièces polyvalentes dans plusieurs villes. Les rues qui conduisaient à l'agora présentaient une grande concentration de pièces polyvalentes, qui devenaient plus nombreuses au fur et à mesure

---

[251] *Supra*, p. 8.

[252] *Supra*, p. 21-22.

[253] Lysias, *Pour l'invalide*, XXIV, 19, 3 ; Xénophon, *Mémorables*, IV, 2, 10 ; Démosthène, *Contre Midias*, XXI, 22, 1 ; Hypéride, *Contre Athénogènes A*, V, 9, 3.

[254] AKAMATIS 1989, p. 176 ; AKAMATIS 1990a, p. 426 ; AKAMATIS 1990b, p. 78 ; AKAMATIS 1990c, p. 179-180, 182 ; AKAMATIS 1993, p. 19-20 ; AKAMATIS 1999, p. 476 ; AKAMATIS 2003, p. 41, 46.

[255] HUMANN - KOHTE - WATZINGER 1904, p. 107-112.

[256] *AvP* I 2, p. 217 ; DÖRPFELD 1902, p. 22 ; RADT 1999, p. 89-90.

[257] SHEAR Jr 1971, p. 265-266 ; SHEAR Jr 1973, p. 138-144 ; SHEAR Jr 1984, p. 43-47 ; CAMP 1996, p. 236-241 ; *Agora* XXVII, p. 107-112.

[258] *ID* 404, l. 6 ; *ID* 455, *Ac*, l. 10 ; *ID* 461 *Aa*, l. 14, 50, 53.

[259] *Didyma* II, Inv. 479, 480.

[260] *Milet* I, 7, p. 44-45 ; KLEINER 1968, p. 62 ; SCHAAF 1992, p. 27.

[261] *EAD* XXXVII, p. 161, 191-192 ; *EAD* XXXVIII, p. 103-105.

[262] Eschine, *Contre Timarque*, I, 124.

que l'on s'approchait de l'agora. La rue de la Porte Ouest à Priène constitue un bel exemple : il s'agit de la rue principale de la ville, qui traverse l'agora, et dont le côté nord est bordé de pièces polyvalentes.[263] À Pergame, la rue principale, qui conduit de l'agora de la ville basse à l'acropole, en passant par l'agora de la ville haute, est également bordée de pièces polyvalentes. Nous n'avons pas, aux endroits où les environs de la rue ont été dégagés, un front continu de pièces, mais une concentration plus ou moins importante, selon l'intérêt commercial du secteur. C'est ainsi que l'on trouve une vingtaine de pièces immédiatement au nord de l'agora de la ville basse[264] et encore quelques-unes un peu plus au nord, dans un quartier résidentiel.[265]

Les rues qui entouraient les sanctuaires présentaient aussi une concentration élevée de pièces polyvalentes, comme les rues au nord, à l'est et au sud du sanctuaire d'Apollon à Délos **(fig. 13)**. À Priène, il existe quelques pièces polyvalentes du côté nord de la rue qui mène au sanctuaire d'Athéna.

À Délos et à Olynthe des pièces polyvalentes bordent les rues des villes. Les rues principales, comme l'Avenue B à Olynthe **(fig. 14)** ou la Rue du théâtre à Délos, ont un nombre de pièces plus élevé, mais on en trouve aussi le long des rues secondaires et surtout aux croisements des rues.

Le secteur du port des villes maritimes attirait les installations commerciales et les pièces polyvalentes y étaient nombreuses. Les inscriptions de Délos parlent des *oikemata* situés près de la mer[266] ou près du débarcadère.[267] Les fouilles ont conduit à la découverte d'un très grand nombre de pièces polyvalentes situées au port de l'île, notamment dans la partie basse du Quartier du théâtre et dans le Quartier Sud. Ces pièces sont très souvent associées à des édifices commerciaux. À Milet **(fig. 3)**, les pièces polyvalentes sont également très nombreuses au port, mais elles appartiennent à des portiques.[268]

Nous avons vu qu'une grande partie des pièces polyvalentes était associée à des portiques, situées autour des agoras ou près des ports des villes maritimes. Ces pièces occupaient le plus souvent le fond du portique et ouvraient vers la galerie **(fig. 15)**. Elles pouvaient aussi être adossées au mur du fond des portiques et ouvrir vers l'extérieur, comme à Milet **(fig. 3)**, à Pella **(fig. 6)** ou à l'Agora des Italiens à Délos.

Les pièces polyvalentes peuvent aussi être associées à des édifices commerciaux, situés autour de l'agora, près du port ou dans la ville. Dans certains cas, comme à Athènes **(fig. 16)**,[269] à Pergame[270] ou à Isthmia,[271] les édifices commerciaux ne sont qu'une série de pièces polyvalentes. À Délos, les pièces polyvalentes occupent la façade des édifices commerciaux de la partie basse du Quartier du théâtre[272] et du Quartier Sud[273] **(fig. 17)**.

De nombreuses pièces polyvalentes occupaient la façade des îlots d'habitation et étaient associées à des maisons ou à d'autres édifices privés. Les sources littéraires et épigraphiques, bien que moins riches que pour les installations commerciales situées autour des agoras, confirment l'existence d'ateliers ou

---

263 *Priene*, p. 296-297, 321.

264 DÖRPFELD 1904, p. 120-121 ; RADT 1999, p. 85, 110.

265 RADT 1999, p. 85-86, 102, 110-111 ; *AvP* XV3, p. 39-42, 87-89, 107-111, 122-129, 141-144, 191-200 ; *AvP* XV4, p. 30-41.

266 *IG* XI 2, 156 *A*, l. 48-49.

267 *IG* XI 2, 161 *A*, l. 115.

268 *Milet* I, 6, p. 4-22 ; KLEINER 1968, p. 51.

269 SHEAR Jr 1971, p. 265-266 ; SHEAR Jr 1973, p. 138-144 ; SHEAR Jr 1984, p. 43-47 ; CAMP 1996, p. 236-241

270 RHEIDT 1992, p. 261-263, 267, 279 ; RADT 1999, p. 111.

271 ANDERSON-STOJANOVIC 1996, p. 60-62, 65-66.

272 JARDÉ 1905, p. 6-21 ; KARVONIS – MALMARY 2009, p. 218-226.

273 JARDÉ 1905, p. 21-40 ; JARDÉ 1906, p. 632-664.

d'autres locaux commerciaux associés à des maisons privées.[274] La communication entre les maisons et les pièces polyvalentes n'est pas fréquente et ces dernières fonctionnaient le plus souvent de manière indépendante. Ceci est vrai même dans les cas où les pièces polyvalentes semblent avoir été construites en même temps que les maisons et ont un rapport étroit avec elles, comme dans la partie haute de la Rue du théâtre à Délos[275] ou dans la rue de la Porte Ouest à Priène.[276] Il arrive aussi de trouver les pièces polyvalentes le long des rues, parfaitement intégrées dans le tissu urbain, mais sans aucun rapport avec les bâtiments environnants : les pièces polyvalentes à l'est du Réservoir de l'Inopos à Délos **(fig. 18)** et celles qui bordent la rue principale de Pergame, au nord-ouest de l'Agora de la ville basse, constituent les meilleurs exemples de pièces fonctionnant indépendamment de leur environnement. On peut également trouver des pièces polyvalentes qui communiquent entre elles.[277]

Enfin, certaines pièces polyvalentes étaient associées à des sanctuaires : celles du Sarapieion C à Délos étaient adossées au mur du sanctuaire et ouvraient vers l'extérieur.[278]

Configuration architecturale

Les renseignements dont nous disposons sur la configuration architecturale des pièces polyvalentes, nous permettent non seulement de les identifier, mais aussi de comprendre leur fonctionnement. Ils sont essentiellement archéologiques. Les textes littéraires et épigraphiques offrent très peu d'informations à ce sujet.

Plan

Le plan des pièces polyvalentes peut être carré, rectangulaire, trapézoïdal ou irrégulier. Elles peuvent communiquer avec des dépendances, situées derrière ou à côté de la pièce principale qui donne sur l'extérieur[279] **(fig. 16)**.

Les pièces associées à des portiques ont, d'une manière générale, un plan plus régulier que les pièces associées à d'autres types de bâtiments. Elles ont souvent des dépendances, comme dans le Portique Sud de Corinthe et le portique de l'agora d'Aigai **(fig. 19)**. Le portique d'Antiochos Ier à Milet **(fig. 3)**, est doté d'une file de pièces avec dépendance, qui donnaient sur la colonnade du portique, et d'une file de pièces qui ouvraient vers la rue qui passait à l'est du portique. À Pella **(fig. 6)**, les portiques est, sud et ouest de l'agora comportent deux files de pièces polyvalentes avec dépendances, dont l'une donne sur la colonnade du portique et l'autre ouvre vers les rues qui bordent l'agora. On relève ici un effort pour tirer le maximum de ce dispositif en créant des espaces de commerce à l'intérieur et à l'extérieur de l'agora.

Parmi les pièces associées à des portiques, celles qui présentent un plan différent avaient souvent une fonction non commerciale : l'agora de Pella en donne la preuve, puisque les pièces du côté nord ont un caractère administratif et peut-être cultuel **(fig. 6)**.[280] On a découvert des bases de statues devant le stylobate, des fragments de statues en bronze de grandes dimensions, des inscriptions, ainsi qu'un sceau portant les symboles macédoniens. Le plan de ces pièces est différent de celui des pièces des trois autres côtés de l'agora, qui ont une destination commerciale et artisanale. On trouve encore un exemple

[274] Eschine, *Contre Timarque*, I, 124 ; *IG* II[2] 2496, l. 9-10 ; ROBINSON 1934, no. 4 ; *I von Magnesia*, n° 100b, l. 39.
[275] CHAMONARD 1906, p. 565-566, 577 ; *EAD* VIII, p. 66, 209.
[276] *Priene*, p. 296-297, 321.
[277] CHAMONARD 1906, p. 577, 586, 589, 594, 599 ; *EAD* VIII, p. 38, 209 ; *EAD* XXXVIII, p. 103-105 ; *AvP* XV 3, p. 31 ; *AvP* XV 4, p. 31.
[278] ROUSSEL 1915-1916, p. 49-50 ; SIARD 2002, p. 537-540 ; SIARD 2003, p. 514-515.
[279] DEMARGNE 1903, p. 207-209 ; CHAMONARD 1906, p. 582, 589 ; EAD VIII, p. 51, 209 ; *Olynthus* XII, p. 293-294 ; *EAD* XXXV, p. 88 ; *Agora* XXVII, p. 107 ; *AvP* XV 3, p. 136.
[280] AKAMATIS 1988, p. 79-80 ; AKAMATIS 1990a, p. 426-427.

sur l'agora de Magnésie du Méandre **(fig. 20)** : une chapelle d'Athéna se situe au milieu du portique ouest.[281] Cette pièce ouvrait sur le portique par deux colonnes doriques. Une pièce du portique nord ouvrait vers la colonnade par quatre colonnes ioniques et il y avait un banc le long des murs nord, est et ouest.[282] Ces deux pièces se distinguent clairement de pièces polyvalentes par leur architecture. Dans le portique de l'agora d'Alinda,[283] la différence entre la configuration architecturale des pièces correspond aussi à une différence de fonction. Deux pièces avaient une porte voûtée et communiquaient avec trois pièces autour d'elles. Ces deux ensembles n'ont probablement pas de fonction commerciale. Il en va de même pour deux pièces de grandes dimensions, situées au milieu du portique et communiquant entre elles, mais dont une seule donne sur l'extérieur. Ces pièces sont les seules à avoir des fenêtres. Les autres pièces, pour autant que leur plan est visible, semblent être des pièces polyvalentes ; elles ont des dimensions pratiquement égales, communiquent avec une dépendance et ouvrent vers l'extérieur au moyen des portes simples. Des pièces de fonctions différentes appartiennent aussi aux portiques qui entourent l'agora de Priène **(fig. 21)** ; celles qui sont situées en contrebas de l'angle sud-est de l'agora et en contrebas du sanctuaire d'Asclépios donnent sur la rue qui passe au sud de l'agora, elles ont à peu près les mêmes dimensions et elles devaient être des pièces polyvalentes. Les trois pièces à l'extrémité ouest du portique sud, au contraire, devaient avoir une fonction différente, à cause de leur grande différence de longueur.

Matériaux et construction

Les matériaux et la technique de construction des pièces polyvalentes présentent une grande variété. D'une manière générale, les pièces appartenant à des édifices publics sont plus soignées que celles qui étaient associées à des édifices privés. Le choix des matériaux employés, surtout dans l'architecture privée, est déterminé par la proximité et la disponibilité des matières premières et par les techniques de construction propres à chaque site. Nous pouvons distinguer deux techniques principales : la construction en briques crues posées sur un socle en pierre et la construction entièrement en pierre.

La première technique de construction est la plus fréquente à Athènes ; elle se trouve dans les édifices commerciaux sous la basilique romaine,[284] dans le Bâtiment en briques,[285] dans une des pièces qui forment l'édifice commercial au nord de la Stoa Poikilè[286] et dans la pièce polyvalente de la Maison C à l'ouest de l'Aréopage.[287] C'est la technique de construction que l'on a utilisée pour les pièces du Bâtiment Nord d'Isthmia.[288] À Thasos, les murs des pièces polyvalentes étaient composés d'un socle en blocs et en moellons de gneiss, avec quelques moellons de marbre, et d'une élévation en briques.[289] À Olynthe, les murs des maisons et des pièces polyvalentes étaient construits en briques crues posées sur un socle en galets **(fig. 11)**.[290] À Érétrie, les murs avaient une base en calcaire, sur lequel étaient posées les briques crues.[291]

À Délos, la grande majorité des murs des pièces polyvalentes sont construits en pierre. On a utilisé des blocs et des moellons de gneiss, de granit ou, plus rarement, de marbre.[292] L'emploi du marbre pour la

[281] HUMANN - KOHTE - WATZINGER 1904, p. 109.
[282] HUMANN - KOHTE - WATZINGER 1904, p. 109.
[283] BOHN 1889, p. 27-30 ; LAUTER 1970, p. 90-92.
[284] SHEAR Jr 1973, p. 140.
[285] *Agora* XXVII, p. 107.
[286] SHEAR Jr 1984, p. 43.
[287] YOUNG 1951, p. 207.
[288] ANDERSON-STOJANOVIC 1996, p. 63.
[289] *ÉtThas* XII, p. 201-203, 204-209, 363.
[290] *Olynthus* VIII, p. 223-229 ; *Olynthus* XII, p. 224-227.
[291] *Eretria* X, p. 21-22.
[292] PLASSART 1916, p. 160-161 ; *EAD* VIII, p. 237-244 ; KARVONIS - MALMARY 2009.

construction des seuils et des encadrements des portes des pièces polyvalentes de la partie basse du Quartier du théâtre à Délos est exceptionnel.[293] À Priène, on a employé des moellons de brèche pour la construction des murs des pièces polyvalentes,[294] alors que certaines pièces de la Rue d'Athéna sont en partie taillées dans le rocher. À Pergame, on a surtout utilisé l'andésite **(fig. 22)**.[295] Le rocher naturel est parfois taillé pour former les parois de la partie basse de leurs murs.[296] À Athènes, les murs d'une pièce de l'édifice commercial au nord de la Stoa Poikilè sont construits en calcaire.[297]

Dans les pièces polyvalentes associées à des portiques, les matériaux employés sont généralement de meilleure qualité et la technique de construction plus soignée. Les murs des pièces du Portique d'Attale sont construits en calcaire du Pirée, tandis que le toichobate, les orthostates et les jambages des portes sont en marbre gris-bleu de l'Hymette ; pour les linteaux des portes on a utilisé le marbre blanc du Pentélique.[298] À Milet aussi on a employé des matériaux divers pour la construction des pièces de l'Agora Sud. Les murs extérieurs sont faits en blocs de marbre, doublés de blocs de pôros, alors que les murs de refend des pièces sont construits en pôros ou en calcaire.[299] Les pièces polyvalentes des deux agoras de la ville de Pergame et celles du Portique de la terrasse du théâtre sont édifiées en blocs d'andésite.[300] Les pièces du portique de Sicyone, du Portique Sud de Corinthe et quelques pièces du portique nord de l'agora de Limani Pacha à Sounion étaient construites en blocs de pôros.[301] À Délos, les pièces du Portique Coudé de l'Agora des Déliens **(fig. 15)** sont construites en gneiss, alors que leurs seuils sont en marbre.[302] Les murs des pièces de l'agora de Pella sont construits en briques crues, posées sur un solin de pierre.[303]

Un témoignage épigraphique vient s'ajouter à ces informations issues des fouilles : il s'agit du contrat pour la construction d'un portique, retrouvé à Lesbos et datant du premier quart du IIIe siècle av. J.-C..[304] L'inscription nous renseigne sur les matériaux de construction du portique, qui comportait douze pièces polyvalentes. Selon le contrat, les encadrements des portes et les seuils devaient être en marbre, les murs en pierre locale et la charpente en bois de Chios. La pierre pouvait être du calcaire ou de l'andésite,[305] tandis que le bois de Chios était probablement du pin.[306]

Une inscription de Délos, qui date du milieu du IIe siècle av. J.-C., nous donne des renseignements sur les matériaux de construction des locaux d'habitation et des locaux de travail appartenant au sanctuaire d'Apollon.[307] Il est notamment question des réparations que les locataires étaient obligés à effectuer dans ces locaux. Ces réparations concernaient les murs, qui pouvaient être en pierres ou en briques, l'enduit des murs, les toitures en tuiles et la charpente de la couverture.

Les murs des pièces polyvalentes étaient habituellement enduits, comme la plupart des murs qui n'étaient pas construits en grand appareil. À Délos, le revêtement des murs extérieur consistait le plus

293 JARDÉ 1905, p. 13 ; CHAMONARD 1906, p. 598-600 ; *EAD* VIII, p. 208 ; KARVONIS – MALMARY 2009, p. 212, 219-221 ; KARVONIS – MALMARY 2012, p. 267, 272.
294 *Priene*, p. 300-304.
295 *AvP* XV 3, p. 5-10 ; *AvP* XV 4, p. 5, 31, 36, 37, 39, 41.
296 *AvP* XV 4, p. 31.
297 CAMP 1996, p. 236.
298 *Agora* XIV, p. 104 ; KOHL 2001, p. 247.
299 *Milet* I, 7, p. 15-16, 31, 34, 36, 40.
300 DÖRPFELD 1902, p. 17 ; *AvP* III 1, p. 94-95 ; *AvP* IV, p. 22, 24 ; RHEIDT 1992, p. 266.
301 ORLANDOS 1952, p. 389 ; *Corinth* I, IV, p. 6 ; SALLIORA-OIKONOMAKOU 1979, p. 166.
302 DURRBACH 1902, 492-493 ; VALLOIS 1966, p. 65.
303 AKAMATIS 1988, p. 78.
304 *IG* XII 2, 14.
305 WILLIAMS 1984, p. 36-37.
306 HELLMANN 1999, p. 58
307 *ID* 1416 *B* I, l. 1-17.

souvent en un stuc blanc, posé sur une couche d'enduit hydraulique.[308] À l'intérieur, les murs étaient revêtus d'un enduit blanc uni **(fig. 23)**.[309] On trouve rarement un décor imitant le grand appareil, qui rappelle celui des maisons.[310] Les murs des pièces de l'Agora des Italiens étaient recouverts d'un enduit jaunâtre, décoré parfois d'une bande rouge.[311] Dans l'agora de Limani Pacha à Sounion, les murs en pôros des pièces polyvalentes du portique nord étaient recouverts d'enduit.[312] Des traces d'enduit ont été retrouvées sur les murs des pièces polyvalentes de l'agora de Pella.[313] À Pergame, très peu de pièces de la Rue principale ont conservé des traces d'enduit,[314] qui était blanc ou rouge

Le sol des pièces polyvalentes est habituellement en terre battue **(fig. 11)**.[315] Certaines pièces pouvaient être dallées en pierre.[316] D'autres pièces avaient un sol recouvert de mortier.[317] Le sol des pièces de l'agora de Limani Pacha à Sounion était recouvert de mortier mélangé de poudre de litharge, qui rendait le mortier plus solide.[318] À Pergame, deux pièces avaient un dallage de plaques de terre cuite.[319] À Olynthe, on a retrouvé une pièce dont le sol était pavé en galets.[320] La découverte de blocs de calcaire dans certaines pièces de l'Agora Nord de Milet, plus ou moins régulièrement disposés, pourrait signifier que leur sol était constitué d'un plancher en bois.[321]

Dimensions

Les dimensions des pièces polyvalentes sont très variables, aussi bien d'un site à l'autre que sur un même site. De plus, dans la plupart des cas, les pièces polyvalentes fouillées représentent une petite partie des pièces qui ont existé. C'est pour ces raisons que l'évaluation de leurs dimensions moyennes dans l'ensemble de l'aire géographique étudiée ne serait pas significative.

Il nous semble plus utile d'évaluer les dimensions moyennes des pièces polyvalentes dans des sites où un nombre important des constructions de ce type a été mis au jour. À Olynthe, leurs dimensions n'ont pu être relevées systématiquement que dans la partie restaurée du site, qui comprend l'îlot A et les îlots A iv – A viii. La superficie varie entre 4,70 m^2 et 51,20 m^2 et la moyenne est de 24,90 m^2. À Pergame les dimensions de ces pièces varient entre 6,60 m^2 et 34,50 m^2, la moyenne étant de 15,30 m^2. À Priène la superficie des pièces polyvalentes varie entre 9 m^2 et 30,40 m^2 pour une moyenne de 16,45 m^2. À Délos, la superficie des pièces polyvalentes varie entre 4,05 m^2 et 71,70 m^2, la moyenne étant de 23 m^2. À Théra, nous avons identifié très peu de pièces polyvalentes, mais, comme une partie importante de la ville a été fouillée, il n'est pas impossible que ces dimensions soient représentatives. Leur superficie varie entre 10,55 m^2 et 13 m^2. La superficie moyenne est de 11,50 m^2.

Il n'est pas possible de donner des dimensions moyennes représentatives pour les pièces polyvalentes appartenant aux édifices commerciaux situés autour de l'Agora d'Athènes, à cause de leur conservation

[308] *EAD* VIII, p. 87.
[309] *EAD* VIII, p. 359.
[310] CHAMONARD 1906, p. 586 ; CHAMONARD 1933, p. 169.
[311] *EAD* XIX, p. 62.
[312] SALLIORA-OIKONOMAKOU 1979, p. 166.
[313] AKAMATIS 1988, p. 78.
[314] *AvP* XV 3, p. 12 ; *AvP* XV 4, p. 35-36.
[315] *Olynthus* VIII, p. 281 ; SHEAR Jr 1984, p. 44 ; ANDERSON-STOJANOVIC 1996, p. 65 ; *AvP* XV 3, p. 12, 135 ; SIARD 2002, p. 539 ; CAMP 2003, p. 249 ; *AvP* XV 4, p. 37.
[316] CHAMONARD 1933, p. ANDERSON-STOJANOVIC 1996, p. 66.
[317] Il s'agit des pièces 4 et 5 de la Rue du théâtre à Délos (CHAMONARD 1906, p. 563, 577) et de la pièce e de la Maison A 4 à Olynthe (*Olynthus* II, p. 55 ; *Olynthus* VIII, p. 74).
[318] SALLIORA-OIKONOMAKOU 1979, p. 168.
[319] Il s'agit des pièces VII, 13d et X, 3 de l'îlot entre la rue principale et la rue est (*AvP* XV3, p. 12, 39, 123).
[320] C'est la pièce 4e de la Colline Sud (*Olynthus* XII, p. 306).
[321] *Milet* I, 6, p. 22.

partielle. Cependant, nous allons mentionner, à titre indicatif, les dimensions que nous avons pu relever. Une pièce de l'édifice commercial au nord de la Stoa Poikilè[322] mesure 32,63 m^2. Les pièces de l'édifice est sous la basilique romaine,[323] ont une superficie de 11,22 m^2. Celles du Bâtiment en briques **(fig. 16)**[324] font 25 m^2 et leurs dépendances mesurent 14,50 m^2 ; la superficie totale est de 39,50 m^2. Les pièces du Portique d'Attale[325] mesurent 24,10 m^2. Enfin, la pièce polyvalente de la Maison C du Quartier à l'Ouest de l'Aréopage[326] a une superficie de 19,50 m^2.

La superficie des pièces du portique nord de l'agora de Limani Pacha à Sounion[327] varie entre 19,25 et 42,90 m^2. Les pièces du portique est ont une superficie entre 16,50 et 54 m^2 et celles du portique ouest mesurent entre 28,50 et 31,50 m^2. Les pièces du portique de la terrasse du théâtre à Pergame font 16,21 m^2. Les pièces du portique sud de l'agora d'Héraclée du Latmos ont une superficie de 18 m^2 environ, aussi bien au rez-de-chaussée qu'à l'étage. Les pièces du Portique Sud de Corinthe[328] ont une superficie de 21,50 m^2. Les pièces du portique sud de l'agora d'Assos[329] font 22 m^2 en moyenne. Celles du portique d'Agrinion[330] mesurent 22,50 m^2. Les pièces polyvalentes du portique sud de l'agora de la ville haute de Pergame[331] mesurent entre 16,60 et 18,50 m^2 ; leurs dépendances mesurent entre 18 et 18,50 m^2, la superficie totale étant de 34,60 à 37 m^2. Les pièces polyvalentes du portique de l'agora d'Aigai[332] mesurent 18,50 m^2 et leurs dépendances font 19,35 m^2 ; la superficie totale est de 37,85 m^2. Les pièces polyvalentes du portique d'Antiochos Ier, occupant le côté est de l'Agora Sud de Milet **(fig. 3)**,[333] qui donnaient sur l'agora ont une superficie de 26,22 m^2, tandis que leurs dépendances font 11,21 m^2 ; la superficie totale est de 37,43 m^2. Les pièces du portique donnant sur la rue est ont une superficie de 17,22 m^2. Les pièces du portique sud de l'Agora Sud[334] font 27,90 m^2.

Dans certains cas, surtout à Délos et dans les portiques des agoras des cités d'Asie Mineure, la bonne conservation des pièces polyvalentes nous permet de retrouver leur hauteur sous plafond. À Délos, où un grand nombre de pièces a été dégagé, la hauteur est habituellement autour des 3 m.[335] La hauteur des pièces du premier étage du portique sud de l'agora d'Héraclée du Latmos est de 2,10 m **(fig. 24)**. Les pièces du portique de la terrasse du théâtre à Pergame ont une hauteur de 3 m environ. À Assos, les pièces du portique sud de l'agora sont hautes de 3,99 m.[336] La hauteur des pièces du rez-de-chaussée du portique de l'agora à Aigai est de 4,30 m.[337]

Nous pouvons ainsi calculer le volume des pièces polyvalentes dont nous connaissons la hauteur. Le volume des pièces de Délos[338] varie entre 13 et 156 m^3. Le volume des pièces du premier étage du portique d'Héraclée du Latmos est de 37,80 m^3 environ. À Pergame, le volume des pièces polyvalentes du portique de la terrasse du théâtre est de 48,60 m^3 environ. Les pièces du portique d'Assos ont un volume de 88 m^3

322 SHEAR Jr 1984, p. 43.
323 SHEAR Jr 1973, p. 138.
324 *Agora* XXVII, p. 107.
325 *Agora* XIV, p. 104.
326 YOUNG 1951, p. 224.
327 SALLIORA-OIKONOMAKOU 1979, p. 166.
328 *Corinth* I, IV, p. 48.
329 CLARKE - BACON - KOLDEWAY 1902, p. 103.
330 MILIADIS 1928, p. 106.
331 *AvP* III 1, p. 96.
332 BOHN 1889, fig. 16.
333 *Milet* I, 7, p. 34, 38.
334 *Milet* I, 7, p. 24.
335 KARVONIS 2008b, p. 184.
336 CLARKE - BACON - KOLDEWAY 1902, p. 85.
337 BOHN 1889, p. 18.
338 KARVONIS 2008b, p. 184-185.

environ. À Aigai, le volume des pièces polyvalentes est de 79,50 m^3 et le volume de leurs dépendances est de 83,20 m^3 ; le volume total atteint 162,70 m^3.

Devanture

La devanture est la partie la plus importante des pièces polyvalentes d'un point de vue commercial. Elle comporte des aménagements qui assurent l'accessibilité, l'approvisionnement et la fermeture de la pièce. La devanture comporte aussi des dispositifs permettant l'exposition des marchandises, l'éclairage et l'aération.

Portes

Les pièces polyvalentes ont habituellement une porte, ouvrant vers une rue. Les pièces situées aux croisements des rues ont parfois deux portes, chacune donnant sur une rue. Nous trouvons à Délos des pièces polyvalentes ayant deux portes, percées l'une à côté de l'autre et donnant sur la même rue **(fig. 25)**. Il s'agit de la porte de la pièce polyvalente et de la porte qui donnait accès à l'étage.[339] Ceci est parfois confirmé par la présence du départ d'un escalier. Dans ce cas, la porte de la pièce polyvalente est presque toujours nettement plus large que la porte conduisant à l'étage.

D'une manière générale la largeur des portes varie entre 1 m et 1,70 m,[340] alors que la hauteur est le plus souvent impossible à retrouver, puisqu'elle suppose une très bonne conservation des vestiges. Plus précisément, les portes des pièces polyvalentes du Bâtiment en briques à Athènes **(fig. 16)**[341] font 1,95 m, alors que les portes de leurs dépendances sont moins larges (0,95 m). Les portes des pièces du Portique d'Attale[342] sont larges de 1,71 m et hautes de 3,42 m. Les portes du Bâtiment Nord de Corinthe[343] mesurent 1,07 m. La largeur des portes des pièces principales du Portique Sud de Corinthe[344] varie entre 1,48 et 1,59 m, la largeur des portes des dépendances étant de 1,39 m et celle des portes des pièces de service de 0,72 m. Le portique de la terrasse du théâtre à Pergame[345] a des portes larges de 1,05 m et hautes de 2,40 m **(fig. 26)**. À Aigai,[346] les portes des pièces du portique de l'agora sont larges de 0,93 à 1,03 m et hautes de 2,05 m. Les portes des pièces polyvalentes du Portique d'Antiochos Ier à Milet[347] mesurent entre 1,46 et 1,48 m, tandis que les portes des pièces du portique sud de l'agora[348] sont larges de 1,68 m. Les portes des pièces du rez-de-chaussée du portique sud de l'agora d'Héraclée du Latmos ont une largeur de 1,46 à 1,50 m, alors que les portes des pièces de l'étage sont larges de 0,85 m et hautes de 1,83 m **(fig. 24)**.

À Olynthe, à Pergame et à Priène, la largeur des portes des pièces polyvalentes varie entre un peu moins de 1 m et 1,60 m, mais la plupart des portes mesure entre 1 m et 1,20 m. À Délos,[349] on trouve des portes qui font entre 1 m et 1,60 m, mais nous avons aussi des baies qui mesurent entre 2 m et 3 m **(fig. 25)**. Ces ouvertures sont caractéristiques de l'architecture commerciale délienne ; elles ne se retrouvent ni dans l'architecture domestique et publique de Délos, ni dans les autres sites. Elles constituent ainsi un critère d'identification des pièces polyvalentes de Délos. Les pièces munies de baies très larges se situent

[339] KARVONIS 2008b, p. 185, n. 132 ; KARVONIS – MALMARY 2009, p. 219-225.
[340] Nous avons effectué des mesures à Délos, Théra, Olynthe, Pergame, Aigai, Priène et Milet.
[341] *Agora* XXVII, p. 107.
[342] *Agora* XIV, p. 104, n. 116.
[343] *Corinth* I, p. 215.
[344] *Corinth* I, IV, p. 49-50, 55, 58.
[345] *AvP* IV, p. 29.
[346] BOHN 1889, p. 16.
[347] *Milet* I, 7, p. 34.
[348] *Milet* I, 7, p. 20.
[349] KARVONIS 2008b, p. 186.

essentiellement dans la partie basse du Quartier du théâtre, à l'Agora des Italiens et au Monument de Granit. La hauteur des portes des pièces déliennes[350] varie entre 2,30 m et 2,60 m, mais le nombre d'exemplaires sur lequel est fondée cette estimation est assez faible.

Les seuils des pièces polyvalentes offrent des renseignements sur les portes. Les traces que nous retrouvons le plus souvent appartiennent à deux trous de crapaudine, situés aux deux extrémités du seuil, et à un trou de gâche, situé approximativement au milieu du seuil **(fig. 27)**. Ces traces conduisent à la restitution d'une porte à deux vantaux,[351] qui est la porte la plus simple et la plus fréquente, surtout quand la largeur de l'embrasure de la porte est inférieure à 2 m.

D'autres seuils présentent des traces plus nombreuses : à Délos, ces traces attestent l'existence de portes brisées, dont les panneaux sont divisés en parties[352] **(fig. 28)**. Certaines mortaises pourraient indiquer la présence d'une grille en métal ou d'une barrière mobile.[353] Ces traces sont plus fréquentes sur des seuils de grandes dimensions, mais on les trouve aussi sur des seuils mesurant entre 1 m et 1,70 m. Dans certains cas, à Délos, mais aussi à Priène et à Pergame, l'étude des mortaises semble indiquer que les portes avaient été remplacées[354] **(fig. 29)**.

Les traces observées dans l'encadrement en pierre des portes des pièces polyvalentes du Portique Sud de Corinthe et du portique d'Aigai indiquent qu'il y avait un cadre en bois.[355]

Nous signalons enfin le seul témoignage épigraphique[356] concernant avec certitude les portes des pièces polyvalentes : il s'agit du cahier de charge pour la construction d'un portique à Lesbos, qui nous apprend que les douze pièces du portique devaient avoir des encadrements de portes et des seuils en marbre. Les portes devaient avoir une hauteur de sept coudées.

Fenêtres et jours

La grande majorité des pièces polyvalentes n'a pas d'ouvertures autres que les portes. Cependant, les pièces associées à des portiques ont parfois des fenêtres et des jours. Les fenêtres se trouvent en façade des pièces, comme dans le Bâtiment Nord de Corinthe,[357] le portique sud de l'agora d'Assos, le portique de la terrasse du théâtre à Pergame **(fig. 26)**, le portique de l'agora d'Aigai. On les trouve aussi dans le mur qui sépare la pièce principale de sa dépendance, comme dans le Portique Sud de Corinthe ou le portique de l'agora d'Aigai **(fig. 19, 30)**.

La largeur des fenêtres des dépendances du Portique Sud de Corinthe est évaluée à 1,20 m.[358] À Pergame, les fenêtres du portique de la terrasse du théâtre[359] mesurent 1,48 m de haut sur 1,55 m de large. Les fenêtres des pièces du rez-de-chaussée du portique de l'agora à Aigai[360] mesurent approximativement 1 m sur 1 m **(fig. 19, 30)**. Leur fermeture rappelait celle des portes, avec un encadrement en bois sur lequel étaient fixés les volets, mais il pouvait aussi y avoir, en plus des volets, une grille en fer fixe ou des verrous amovibles.[361]

[350] KARVONIS – MALMARY 2009, p. 201, 224.
[351] KARVONIS 2008b, p. 186 ; KARVONIS – MALMARY 2009, p. 198-203.
[352] KARVONIS – MALMARY 2009, p. 209-226.
[353] CHAMONARD 1906, p. 598 ; *EAD* VIII, p. 266 ; KARVONIS 2008b, p. 186, 188 ; KARVONIS – MALMARY 2009, p. 212-218.
[354] KARVONIS – MALMARY 2009, p. 219-226.
[355] *Corinth* I, IV, p. 48 ; BOHN 1889, p. 16.
[356] *IG* XII 2, 14, l. 6-7.
[357] *Corinth* I, p. 216.
[358] *Corinth* I, IV, p. 56-57.
[359] *AvP* IV, p. 29.
[360] BOHN 1889, p. 16.
[361] BOHN 1889, p. 16-17.

Les fenêtres du portique d'Assos présentent un système de fermeture différent **(fig. 31)** : une rainure dans la surface inférieure du linteau et une autre dans l'appui indiquent que les fenêtres fermaient par des panneaux en bois. Ces panneaux étaient fixés par des barres métalliques, dont les mortaises sont visibles dans les chambranles des fenêtres.[362]

Les jours sont percés dans le mur de fond des portiques, qui peut constituer le mur de fond des pièces polyvalentes, comme dans le Portique d'Attale à Athènes, le Portique Sud à Corinthe.[363]

Escaliers

La plupart des pièces polyvalentes se trouvaient habituellement au niveau de la rue, mais quelques-unes étaient situées à un niveau supérieur ou inférieur et exigeaient un aménagement spécial pour y accéder. C'est le cas de la pièce α du Quartier du Stade à Délos, accessible par un escalier du côté Sud.[364] Toujours à Délos, la pièce 18 de la Rue du Théâtre se trouve à 1 m au-dessus du niveau de la rue et elle était sans doute accessible par un escalier, qui pouvait être placé à l'endroit où le dallage de la rue s'interrompt. Des escaliers devaient aussi exister à l'intérieur des pièces, quand le sol se trouve à un niveau plus bas que le seuil. C'est le cas dans les pièces 24 et 27 de la Rue du Théâtre, ainsi que dans la pièce BG du Quartier de Skardhana à Délos.[365] À Éleusis, un atelier installé dans un sous-sol était accessible par un escalier en pierre.[366]

Dispositifs d'exposition et de vente des marchandises

On trouve à Délos, devant quatre pièces polyvalentes,[367] des banquettes maçonnées ou en dalles de gneiss **(fig. 32)**. Leur hauteur ne dépasse pas 0,25 m dans trois cas, alors que seul le banc de la pièce de l'Hôtellerie atteint 0,90 m. Ces banquettes, qui n'étaient pas situées dans l'axe de la porte, ne donnaient pas accès aux pièces, qui se trouvaient d'ailleurs dans la plupart des cas au niveau de la rue. Elles devaient servir à l'exposition et la vente des marchandises. Si nous n'avons pas retrouvé plus d'exemplaires et dans des sites autres que Délos, c'est sans doute parce que la majorité de ces banquettes était en matériaux périssables ou parce qu'on utilisait des étals en bois. À Olynthe, trois pièces polyvalentes[368] sont munies d'une baie, large de 1,50 m à 1,60 m, située à côté de la porte. On a considéré que cette baie pouvait servir à la présentation des marchandises.[369] Une boutique de Pergame avait une baie de 2,15 m sur 1,20 m pour la vente des marchandises.[370] La baie était située à côté de l'entrée et donnait directement sur la rue ; elle était aménagée dans l'épaisseur du mur **(fig. 33)**.

Les fenêtres des pièces polyvalentes de certains portiques présentent des dispositifs qui ont pu servir à l'exposition des marchandises. Les tables d'appui des fenêtres des pièces du Bâtiment Nord à Corinthe étaient aménagées en réservoirs, revêtus d'enduit hydraulique. Ces réservoirs ont été interprétés comme des bassins pour la vente de poissons ou d'autres produits qui devaient être vendus dans un contenant imperméable.[371] La présence de ces bassins montre que les pièces ont été conçues comme des locaux de vente. À Assos, la partie inférieure du linteau des fenêtres des pièces polyvalentes avaient une mortaise de 9 mm de diamètre et d'une profondeur qui variait entre 5 et 7 mm **(fig. 31)**. Ces mortaises

[362] CLARKE – BACON – KOLDEWAY 1902, p. 103.

[363] *Corinth* I, IV, p. 58 ; TRAVLOS 1971, p. 505 ; JUDEICH 1931, p. 354-356 ; KOHL 2001, p. 249.

[364] PLASSART 1916, p. 164-165.

[365] *EAD* XXVII, p. 9-10.

[366] PAPAGELI 1991, p. 39.

[367] Il s'agit des pièces 1 de l'Hôtellerie, 24 de la Rue du Théâtre, 13 de la Rue 5, 13 et 14 de la Rue des colonnes.

[368] Il s'agit des pièces d, f, l de la maison A iv 9.

[369] *Olynthus* VIII, p. 86 ; HOEPFNER – SCHWANDNER 1994, p. 99, 112.

[370] *AvP* XV 4, p. 38.

[371] *Corinth* I, p. 227.

ont été interprétées comme servant à la fixation de crochets en métal, sur lesquels on suspendait les marchandises.[372] Les fenêtres des pièces polyvalentes des portiques de Pergame et d'Aigai pouvaient aussi servir à l'exposition des marchandises.[373]

Nous pouvons supposer, suivant les exemples précédents, que les fenêtres percées dans les murs de façade des pièces polyvalentes ont servi à la présentation et à la vente des marchandises. Concernant les fenêtres des dépendances du Portique Sud de Corinthe, on a supposé qu'elles servaient à l'éclairage de la pièce principale et aussi de fenêtres de service, pour l'approvisionnement de la pièce principale en nourriture, préparée dans la dépendance.[374]

Intérieur

L'équipement permanent à l'intérieur des pièces polyvalentes est assez restreint, mais il y avait un certain nombre d'éléments, tels que les niches, les mezzanines ou les ouvrages hydrauliques, qui méritent d'être présentés.

Niches

Des niches étaient parfois percées dans les murs des pièces polyvalentes ; on les retrouve surtout à Délos **(fig. 2)**, grâce à la bonne conservation des pièces déliennes, mais on en a trouvé une à Pergame. La hauteur à laquelle les niches sont placées, ainsi que leurs dimensions varient. Celle de la pièce 41 de la Rue du Théâtre à Délos était décorée d'un bas-relief en marbre, représentant un Hermès.[375] La fonction des niches dans les pièces polyvalentes devait être la même que dans les maisons ; on y posait des lampes ou des images divines.[376] À Pergame, la pièce dans laquelle la niche a été découverte était une boutique de marchand de vin et on a supposé que la niche servait au stockage des amphores.[377]

Ouvrages hydrauliques

Les ouvrages hydrauliques ne sont pas très fréquents dans les pièces polyvalentes.[378] Dans la plupart des cas ils semblent être indépendants de leur fonction et ils sont essentiellement destinés à leur approvisionnement en eau. Les puits sont les plus nombreux, mais on trouve aussi des citernes. La question qui se pose est de savoir si ces ouvrages ont été construits en même temps que la pièce polyvalente ou s'ils appartiennent à un état antérieur ou postérieur au fonctionnement commercial de la pièce. À Délos, quelques puits sont situés au pied d'un mur ou sous une ouverture dans le mur, ce qui montre qu'ils existaient déjà à cet endroit et qu'on n'a pas voulu les désaffecter lors de la construction de la pièce. La citerne de la boutique θ du Quartier du Stade appartenait à la maison, qui a été transformée en pièces polyvalentes.[379]

Certains ouvrages hydrauliques pourraient être en rapport avec la fonction de la pièce, même si on ne peut pas toujours la préciser. À Pergame, une citerne appartient à la première phase de construction de la pièce X 3 et pourrait avoir un rapport avec le dallage de terre cuite.[380] L'activité qui se déroulait dans

---

[372] CLARKE – BACON – KOLDEWAY 1902, p. 103.
[373] COULTON 1976, p. 89.
[374] *Corinth* I, IV, p. 57.
[375] CHAMONARD 1906, p. 589 ; *EAD* VIII, p. 212.
[376] *EAD* VIII, p. 202-203.
[377] *AvP* XV 3, p. 143.
[378] *EAD* VIII, p. 209. À Olynthe, on trouve une seule citerne (A vi 10) dans les pièces polyvalentes du site, alors qu'il y a cinq citernes dans les pièces de Pergame (pièce 11 de la rue principale, pièces VII 13c, X 3, XI 4 et « Garküche » du Quartier résidentiel).
[379] PLASSART 1916, p. 234.
[380] *AvP* XV 3, p. 123.

cette pièce nécessitait peut-être beaucoup d'eau et un pavement imperméable et facile à nettoyer. Une autre pièce du quartier résidentiel de Pergame était également munie d'une citerne.[381] Si cette pièce a fonctionné comme taverne dès sa construction dans la seconde moitié du IIe siècle av. J.-C., la présence de la citerne peut être liée à la préparation des aliments. La pièce 45 de la Rue du Théâtre à Délos a un puits à son milieu et un dallage en gneiss à l'est du puits **(fig. 34)**. Une descente d'eau est aménagée dans le mur ouest.[382]

Presque toutes les pièces du Portique Sud de Corinthe avaient un puits, qui était raccordé à un canal d'eau souterrain **(fig. 35)**.[383] La présence d'un puits dans chaque pièce est exceptionnelle et s'explique par la destination des pièces de ce portique, qui ont été interprétées comme des tavernes ; les puits servaient ainsi à garder la nourriture et le vin au frais.[384]

Mezzanines

À Délos, un grand nombre de pièces polyvalentes était doté de mezzanines, comme le montre la présence des cavités dans les murs latéraux, qui servaient au logement des solives **(fig. 36)**.[385] Le bon état de conservation des pièces déliennes nous permet de retrouver les dimensions des mezzanines et de calculer leur volume. La superficie des mezzanines varie entre 7,60 m^2 et 26 m^2 et la moyenne est de 13,30 m^2. La hauteur à partir de laquelle s'élèvent les mezzanines est autour des 1,80 m, même si certaines commencent un peu plus haut. Leur profondeur varie entre 5,65 m et 2,10 m, mais la plupart des mezzanines sont profondes de 2,70 m et 3,30 m. La hauteur de la mezzanine de la pièce 30 de la Rue du Théâtre est de 1,17 m et son volume atteint un peu moins de 10 m^3.

Les mezzanines se trouvent surtout dans la partie basse du Quartier du théâtre, dans quelques pièces du Monument de Granit et dans les pièces de façade du Magasin des colonnes. Dans tous les cas où la devanture de la pièce est conservée, elles sont associées à de larges baies. Les mezzanines ne se retrouvent pas à d'autres endroits, au moins dans l'état actuel de notre documentation, et constituent une particularité des pièces polyvalentes de Délos.[386]

Plafond

Il est extrêmement rare que les murs des pièces polyvalentes soient conservés jusqu'à la hauteur du couvrement et ceci surtout à Délos et dans certains portiques (**fig. 19, 24**). On reconnaît, dans ces cas, les trous pour l'encastrement des solives qui supportaient le plafond, ce qui nous permet d'évaluer la hauteur de la pièce. Les pièces 12 et 14 de la Rue 4 du Quartier du Théâtre à Délos étaient couvertes par des plafonds voûtés.[387]

Le fonctionnement des pièces polyvalentes

La configuration architecturale des pièces polyvalentes nous aide à comprendre leur fonctionnement. En tant que locaux de commerce, ces pièces avaient certaines caractéristiques architecturales qui leur permettaient de répondre aux besoins de mise en vente et de stockage des produits, d'accessibilité et de séjour pour les commerçants et les clients.

---

[381] *AvP* XV 4, p. 34-35.
[382] CHAMONARD 1906, p. 598-599.
[383] *Corinth* I, IV, p. 59-65.
[384] *Corinth* I, IV, p. 64, 98.
[385] *EAD* VIII, p. 210 ; KARVONIS – MALMARY 2009, p. 204-205, 207, 210, 214 ; KARVONIS – MALMARY 2015-2016, p. 321-344.
[386] KARVONIS – MALMARY 2012, p. 267, 274 ; KARVONIS – MALMARY 2015-2016, p. 341-344.
[387] *EAD* VIII, p. 210.

La vente de tout produit suppose un emplacement facile à repérer, qui permet de mettre en valeur les marchandises. C'est pour cette raison que les pièces polyvalentes sont situées en façade des îlots d'habitations, le long des rues fréquentées, près des ports, autour des carrefours, des places publiques et des *agoras*. À Délos, cet effort pour attirer les regards des clients a eu pour résultat un aménagement de la devanture propre aux pièces polyvalentes de l'île.[388] On trouve de larges baies avec des encadrements de marbre, qui donnent un aspect luxueux à la façade. Ces larges baies n'attiraient pas seulement le regard des passants, elles leur permettaient aussi de voir les marchandises qui se trouvaient dans les pièces.

Un autre moyen pour attirer les clients était l'exposition des marchandises. Les commerçants pouvaient étaler leurs produits devant leurs boutiques, sur des banquettes construites à cette fin ou en les posant simplement sur la rue : à Thasos, quatre stèles situées devant la façade de trois pièces polyvalentes, délimitaient le tronçon de façade qui correspondait à chaque boutique ; c'était dans cet espace là que chaque commerçant pouvait installer ses étals.[389] Les fenêtres ou les baies qui étaient percées dans les murs de certaines pièces polyvalentes à Olynthe, à Corinthe, à Assos ou à Aigai, servaient également à la présentation et la mise en vente des marchandises.[390] Il devait aussi exister des panneaux et des inscriptions, qui informaient les clients des marchandises vendues, même si la conservation des pièces ne permet pas de les retrouver.

L'accès aisé aux pièces polyvalentes était très important pour leur approvisionnement en marchandises ou en matières premières et pour attirer des clients. C'est pour cette raison que ces pièces sont habituellement situées au niveau d'une rue. Celles qui se situent à des carrefours, donnent souvent sur plus d'une rue. Quand la pièce est située à un niveau plus haut ou plus bas que celui de la rue, elle était accessible par un escalier. À Priène et à Délos, une autre solution a été adoptée pour accéder à des files de pièces polyvalentes situées à un niveau supérieur à celui de la rue : on a construit un muret devant leur façade **(fig. 37)**.

Un certain nombre de produits finis ou de matières premières devait être stocké dans les pièces polyvalentes qui fonctionnaient comme boutiques, ateliers ou entrepôts. Le stockage ne rendait pas nécessaire l'existence d'aménagements particuliers et il pouvait très bien se faire à même le sol dans une partie de la pièce, plus probablement au fond, où les produits stockés ne gênaient pas la vente. Le stockage pouvait aussi se faire dans les dépendances. Les produits pouvaient être stockés, selon leur nature, dans des récipients en terre cuite, comme des amphores et des *pithoi*. Ces vases pouvaient aussi servir à la vente, comme on le voit sur des représentations figurées.[391] Le stockage se faisait également sur les mezzanines. À Délos, les pièces pourvues de mezzanines avaient toutes de larges baies. Les baies facilitaient non seulement l'exposition, mais aussi l'entrée des marchandises dans les pièces et les mezzanines offraient l'espace nécessaire pour leur stockage.

La sécurité des produits entreposés dans les pièces polyvalentes était assurée par les portes. Dans quelques pièces polyvalentes déliennes, les portes étaient doublées de grilles en métal,[392] qui constituaient un système de protection supplémentaire. À Aigai, certaines fenêtres des pièces polyvalentes du portique de l'agora étaient dotées de grilles, probablement en fer.[393]

---

388 KARVONIS – MALMARY 2012, p. 274.

389 GRANDJEAN 1975, p. 15.

390 CLARKE – BACON – KOLDEWAY 1902, p. 103 ; *Corinth* I, p. 227 ; *Olynthus* VIII, p. 86 ; COULTON 1976, p. 89 ; HOEPFNER – SCHWANDNER 1994, p. 99, 112.

391 Pélikè 16518 du Musée Grégorien à Rome ; Pélikè 72732 du Musée National de Florence ; Pélikè RC 1063 du Musée National de Tarquinia, (CHADZIDIMITRIOU 2005, p. 114-121, 220-221).

392 KARVONIS – MALMARY 2009, p. 217-218.

393 BOHN 1889, p. 16-17.

Comme tout local de travail, les pièces polyvalentes devaient permettre aux artisans et aux commerçants d'exercer leurs métiers dans de bonnes conditions. Elles devaient par conséquent avoir un éclairage qui permettait aux artisans de travailler et aux clients de voir les produits qui y étaient vendus. Malgré cette nécessité, nous avons l'impression que la plupart des pièces étaient assez obscures : les portes et les rues étaient généralement étroites ; les fenêtres sont rares et on les trouve surtout dans les pièces appartenant à des portiques et situées derrière la galerie, où la lumière du jour n'arrivait pas directement. De plus, même à Délos, où il y avait de larges baies d'entrée, les vantaux de la porte n'étaient pas toujours entièrement ouverts, comme le montre l'usure des seuils. L'utilisation des lampes semble avoir été nécessaire dans ces conditions, mais il faut aussi accepter que les Anciens vivaient et travaillaient dans des édifices obscurs.[394]

Les points d'eau étaient rares dans les pièces polyvalentes. L'eau était pourtant indispensable pour certaines activités artisanales et commerciales et elle devait être stockée dans des récipients quand il n'y avait pas de puits ni de citerne.

Les pièces polyvalentes, comme tous les locaux de travail, étaient en même temps un local de séjour. Les artisans et les commerçants ne passaient pas seulement une grande partie de la journée dans ces pièces, mais parfois ils y habitaient de manière permanente.[395] Leurs clients aussi passaient beaucoup de temps dans ces locaux, selon les témoignages littéraires.[396] Les solutions qui ont été adoptées dans les pièces polyvalentes pour satisfaire les besoins naturels humains sont celles qui sont employées dans l'architecture domestique. Les murs et les enduits isolaient les pièces contre le froid ou la chaleur et on devait utiliser des réchauds pour le chauffage.[397] Les portes, les fenêtres et les jours assuraient l'éclairage et l'aération. L'absence d'installations sanitaires construites semble indiquer l'utilisation de récipients portatifs. Une différence entre les pièces polyvalentes et les maisons est que les occupants des premières n'ont pas recherché le luxe : les pièces polyvalentes restent des locaux utilitaires, dont l'intérieur est très simple. Les devantures de certaines pièces polyvalentes déliennes étaient certes luxueuses, mais elles avaient pour objectif d'attirer des clients ; l'intérieur de ces mêmes pièces n'était pas aussi soigné. D'ailleurs, même à Délos, ces devantures en marbre constituent une minorité.

Nous verrons plus loin que les pièces polyvalentes pouvaient être louées.[398] Leur isolement par rapport aux bâtiments voisins, ainsi que l'équipement permanent minime qu'elles avaient, facilitaient la location des pièces et le changement des locataires. Les pièces associées à des portiques, avaient quelques caractéristiques particulières, qui montrent qu'elles étaient destinées à être louées : leur plan est uniforme, leurs dimensions très proches, et elles ne sont pas conçues pour accueillir une activité commerciale ou artisanale précise. En construisant des pièces ayant les mêmes dimensions, on cherchait à donner le même espace à chaque locataire et à optimiser l'espace disponible et la rentabilité de l'édifice en le divisant en autant de pièces que possible. L'absence de toute installation liée à un type précis d'activité, caractéristique que les pièces polyvalentes partagent avec les maisons, visait à faciliter le changement des locataires, tout en diminuant les frais de construction.

Les réaménagements

Les réaménagements constituent une des caractéristiques principales des pièces polyvalentes, directement liée à leur fonctionnement. Ils concernent le changement de destination des pièces, la

[394] BRUNEAU 1994-5, p. 97-98.

[395] BETTALLI 1985, p. 35 ; *IG* XII 6, 169, l. 7-8.

[396] Lysias, *Pour l'invalide*, XXIV, 19, 3 ; Xénophon, *Mémorables*, IV, 2, 1, 10 ; Andocide, *Sur les mystères*, I, 40 ; Isocrate, *Sur l'échange*, XIX, 287, 1

[397] BRUNEAU 1994-5, p. 94.

[398] *Infra*, p. 63-65.

modification de leur rapport avec l'espace non construit autour d'elles et avec les édifices voisins, ainsi que le changement de leur plan et de leur équipement.

Des pièces d'habitation ont parfois été transformées en pièces polyvalentes et l'inverse s'est produit également.[399] Des pièces, qui communiquaient avec une maison, sont devenues indépendantes, par la suppression de la porte entre la maison et la pièce.[400] D'autres transformations, telles que le changement du plan, l'adjonction ou la suppression d'un mur de refend, sont attestées.[401] En ce qui concerne l'équipement des pièces, il s'agit surtout du remplacement des portes et de l'installation des mezzanines. Le remplacement des portes a été observé à Délos,[402] mais aussi à Pergame, toujours dans des pièces situées en façade des maisons et en bordure des rues. L'examen des trous d'encastrement des solives qui portaient le plancher des mezzanines montre que leur installation a été faite après l'achèvement de la construction des murs de la pièce.[403]

À Délos, plus que dans n'importe quel autre site, nous pouvons ressentir la pression exercée par le développement du commerce et le besoin de créer de nouveaux espaces commerciaux. Nous avons l'impression que les boutiques et les ateliers viennent occuper tout espace encore disponible et que les modifications dans les maisons visent à créer des locaux de vente supplémentaires.

Les traces de ce processus sont nombreuses. Au Quartier de Skardhana **(fig. 38)**, les pièces qui occupent entièrement la partie est de la Maison du Diadumène ont été ajoutées après la construction de la partie principale de l'édifice.[404] Les pièces de l'Établissement des Poseidoniastes de Bérytos portent également des traces de réaménagements et certaines sont postérieures à la construction initiale de l'édifice.[405] Il en va de même pour les pièces polyvalentes de l'Agora des Italiens, qui n'appartiennent pas au programme initial de l'édifice,[406] même s'il est vrai que dans ce cas, comme dans le cas de l'Établissement des Poseidoniastes, la présence de locaux commerciaux et artisanaux est attendue, puisqu'il y avait des commerçants parmi les occupants de l'édifice. Les pièces D et E de la Maison des comédiens, dans lesquelles fonctionnait une teinturerie, sont aussi une adjonction postérieure à la construction de la maison.[407]

Au sud de la Maison de Kerdon, des pièces ont été ajoutées à la façade d'une maison, dont les portes sont encore visibles dans la partie basse des murs des nouvelles pièces. Les pièces 1 de la Rue supérieure du Théâtre et 7 de la Rue 1 du Quartier du Théâtre sont également postérieures aux constructions situées au nord, puisque leurs murs sont simplement adossés à ceux de la maison II D.

Nous avons déjà évoqué la transformation d'une habitation en un ensemble de quatre pièces polyvalentes dans le Quartier du Stade.[408] Dans ce même quartier, la pièce δ est venue occuper un terrain libre et sa construction a nécessité la modification du réseau d'égouts.[409] Les pièces 1 et 5 de l'îlot de la Maison des masques étaient des pièces d'habitation, qui furent transformées en boutiques avec la suppression de la communication avec les maisons voisines.[410]

---

[399] CHAMONARD 1906, p. 507-508.

[400] CHAMONARD 1906, p. 577 ; *ÉtThas* XII, p. 191, 195-196.

[401] *AvP* XV 3, p. 39, 42 (pièce VII 13), 127-129 (pièces de l'ensemble X), 142-143 (pièces de l'ensemble XI).

[402] KARVONIS – MALMARY 2009, p. 218-226.

[403] KARVONIS – MALMARY 2009, p. 204-205 ; KARVONIS – MALMARY 2012, p. 267 ; KARVONIS – MALMARY 2015-2016, p. 332-336.

[404] *EAD* VIII, p. 428.

[405] *EAD* VI, p. 13, 116-117 ; TRÜMPER 2002, p. 266, 270.

[406] *EAD* XIX, p. 63, 99 ; BRUNEAU 1987, p. 333-334.

[407] *EAD* XXVII, p. 38.

[408] PLASSART 1916, p. 234.

[409] PLASSART 1916, p. 166.

[410] CHAMONARD 1933, p. 169.

Le Quartier du Théâtre et le Quartier à l'est du sanctuaire d'Apollon offrent également quelques exemples de pièces d'habitation transformées en pièces polyvalentes ou des pièces qui communiquaient primitivement avec une maison, avant l'obturation de la porte. La pièce 18 de la Rue du Théâtre faisait primitivement partie de la Maison du Dionysos, mais la porte qui les mettait en communication a été murée. Il en est de même pour l'atelier 21 de la Rue supérieure du Théâtre.

Le processus inverse, c'est-à-dire la désaffectation des pièces polyvalentes au profit des pièces d'habitation, est moins fréquent. L'exemple le plus caractéristique vient du Quartier de Skardhana ; selon G. Siebert, les Habitations I, III et IV ont été édifiées sur un terrain occupé par des installations commerciales et artisanales ouvrant vers une petite place et une rue, en intégrant quelques murs et en réutilisant des matériaux de construction.[411] Ces pièces polyvalentes furent construites dans la deuxième moitié du IIIe siècle av. J.-C.[412] et elles ont été transformées en pièces d'habitation dans le troisième quart du IIe siècle av. J.-C..[413] Une pièce polyvalente a également été transformée en pièce d'habitation à la Maison du Dionysos, dans le Quartier du Théâtre.[414]

[411] *EAD* XXXVIII, p. 18, 33, 37, 52-53, 142.

[412] BRUNEAU 1968, p. 670 ; *EAD* XXXVIII, p. 145.

[413] *EAD* XXXVIII, p. 142.

[414] *EAD* VIII, p. 59.

Figure 13 : Plan du sanctuaire d'Apollon à Délos

Figure 14 : Pièces polyvalentes de l'Avenue B à Olynthe

Figure 15 : Pièces est du Portique Coudé de l'Agora des Déliens à Délos

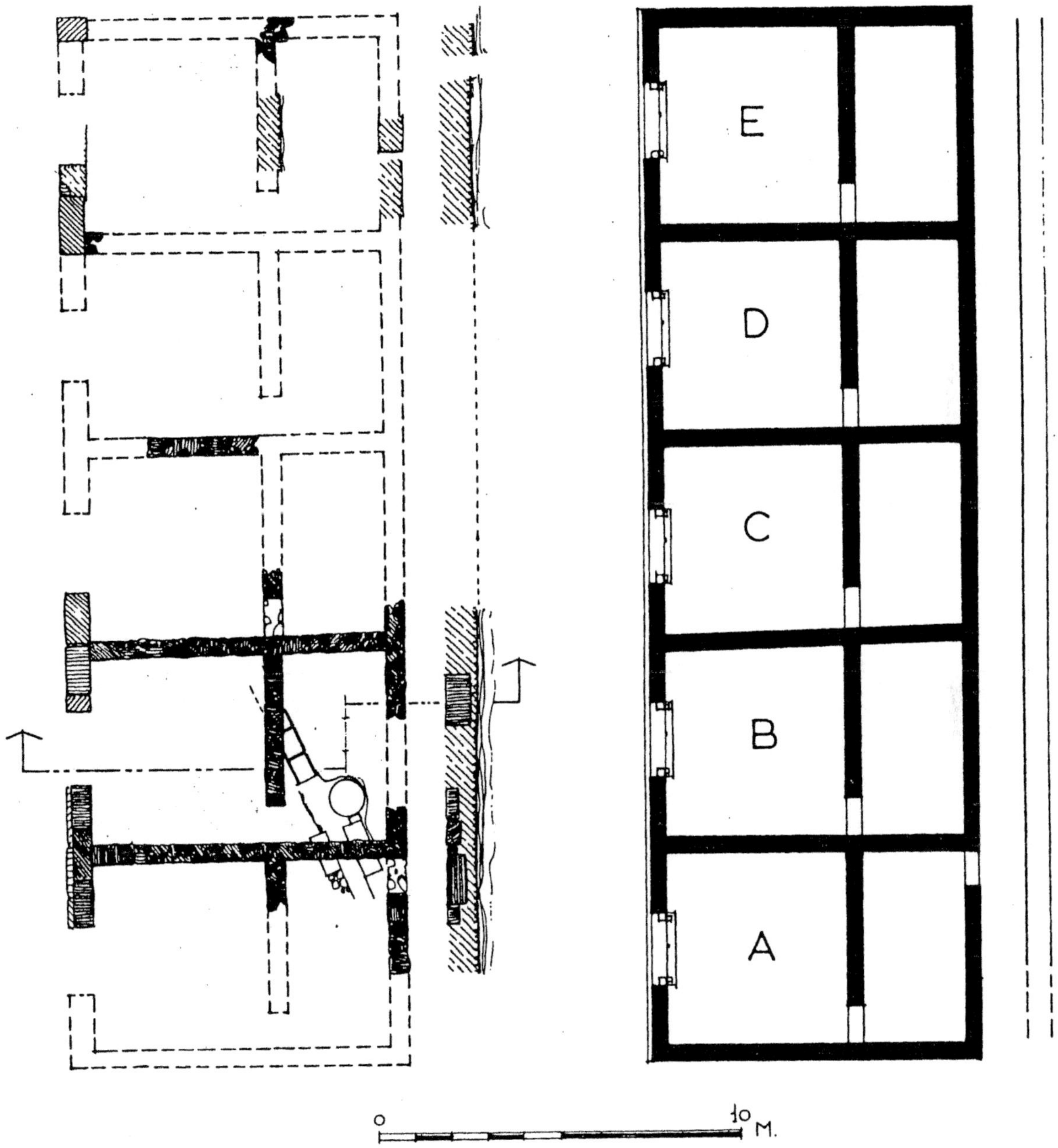

Figure 16 : Plan du Bâtiment en briques sous le Portique d'Attale II à l'Agora d'Athènes

Figure 17 : Pièces polyvalentes de la façade ouest du Quartier Sud à Délos

Figure 18 : Pièces polyvalentes à l'est du Réservoir inférieur de l'Inopos à Délos

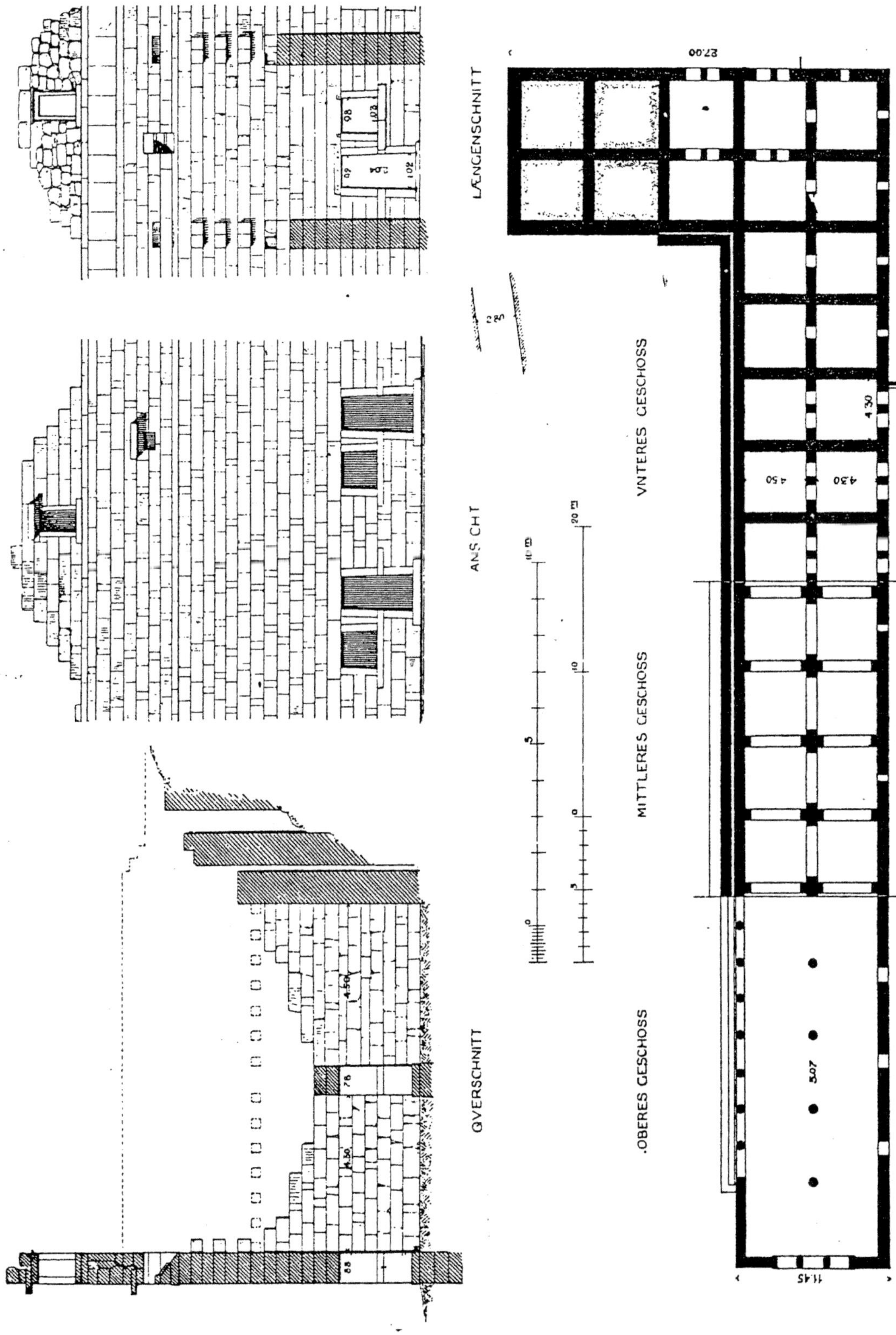

Figure 19 : Plan et élévation du Portique de l'agora d'Aigai

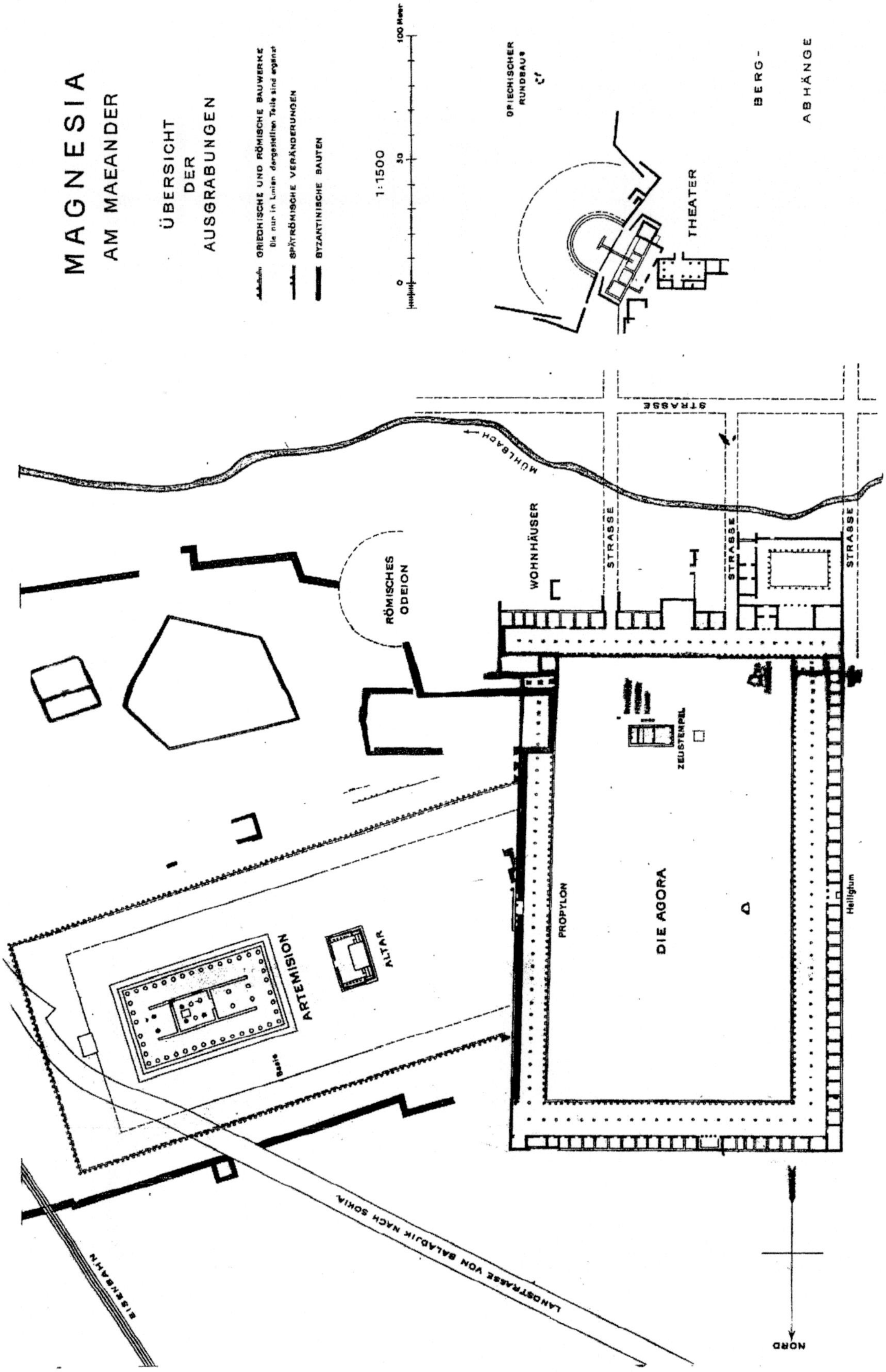

Figure 20 : Plan de l'agora de Magnésie du Méandre

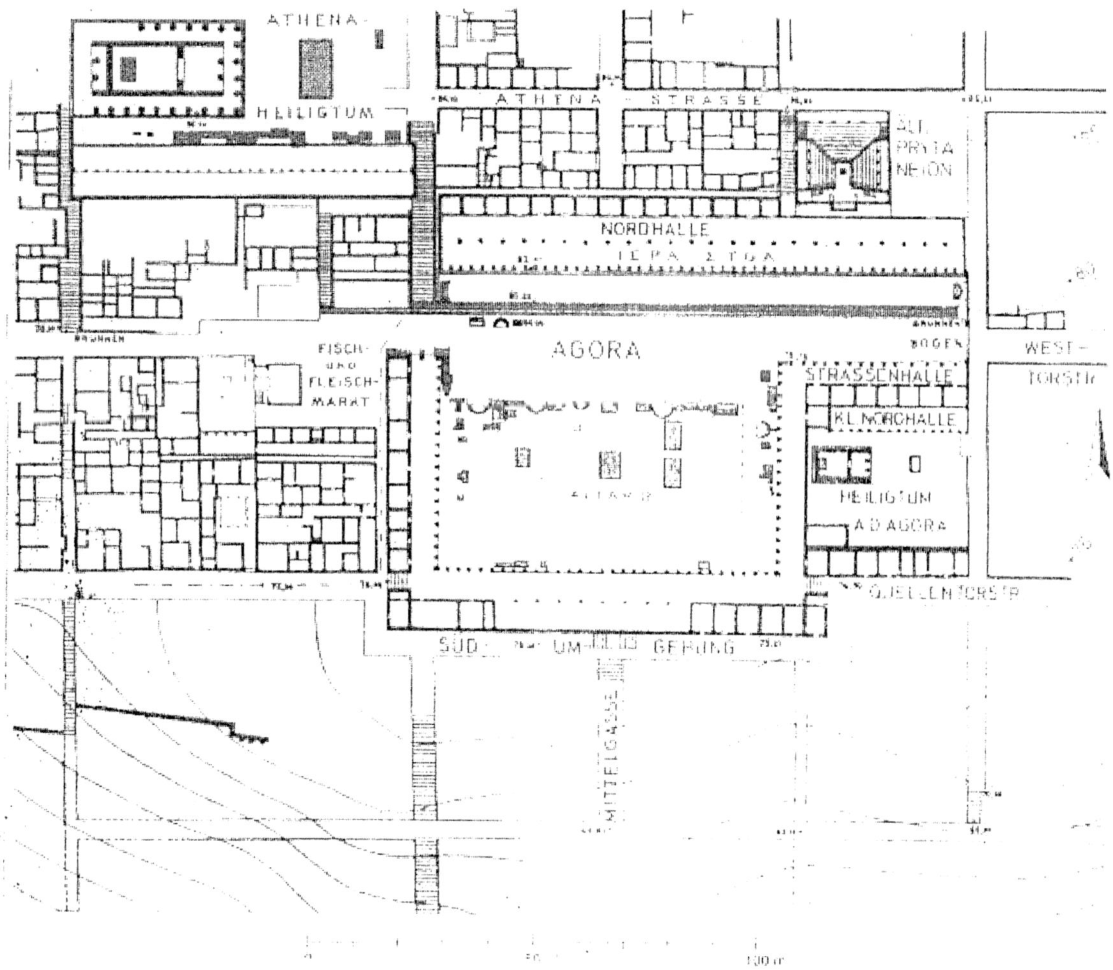

Figure 21 : Plan de l'agora de Priène

Figure 22 : Pièce polyvalente de Pergame

Figure 23 : Pièce 32 de la Rue du théâtre à Délos

Figure 24 : Pièces polyvalentes de l'étage du portique de l'agora d'Héraclée du Latmos

Figure 25 : Pièce 1 du Magasin γ à Délos

Figure 26 : Pièce du Portique de la terrasse du théâtre à Pergame

Figure 27 : Seuil ouest de la pièce 6 de la Rue 4 à Délos

Figure 28 : Seuil de la pièce 43 de la Rue du théâtre à Délos

Figure 29: Seuil de la pièce 12 de la Rue du théâtre à Délos

Figure 30 : Portes et fenêtres des pièces du portique d'Aigai

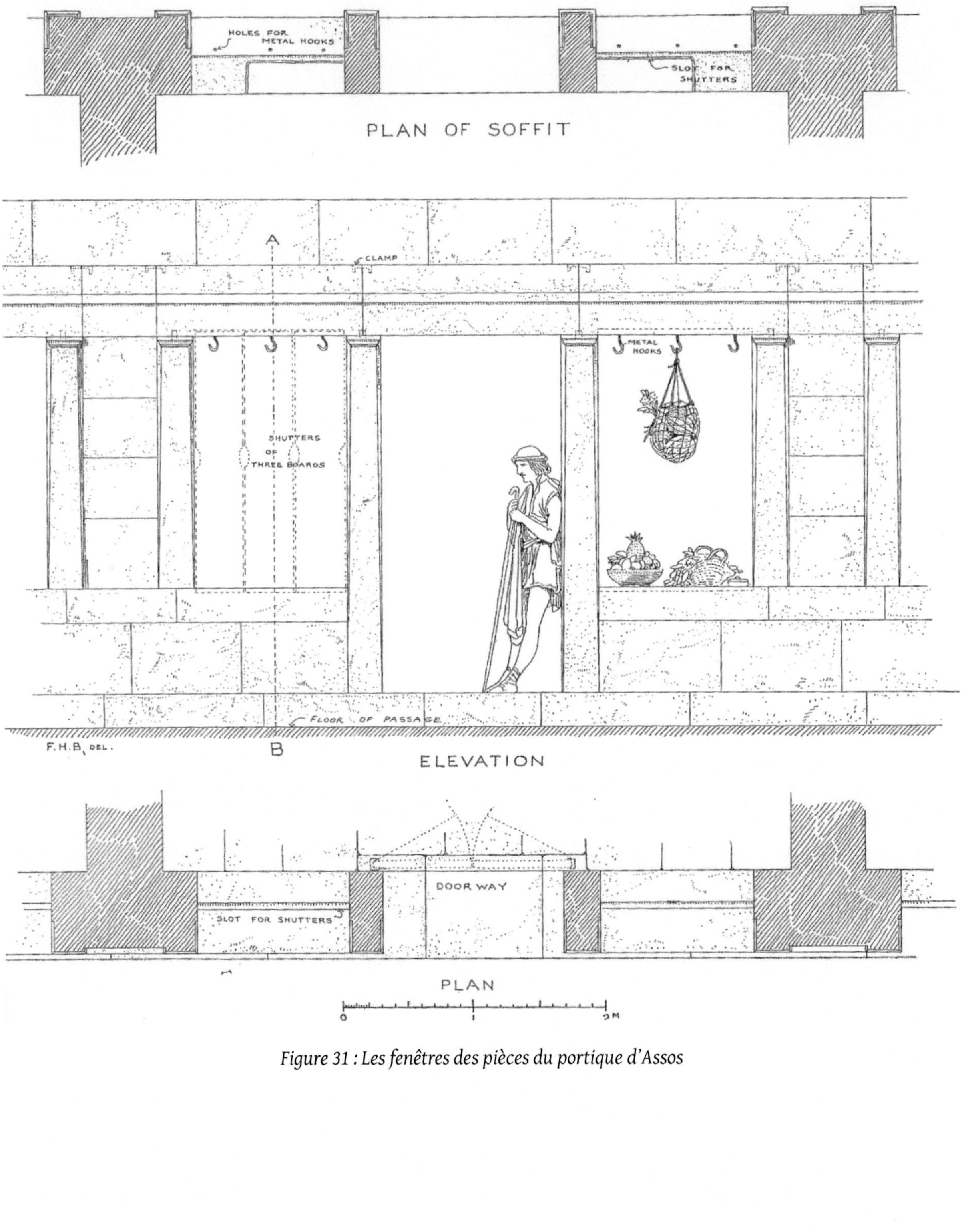

Figure 31 : Les fenêtres des pièces du portique d'Assos

Figure 32 : Banquette pour l'exposition des marchandises de Délos

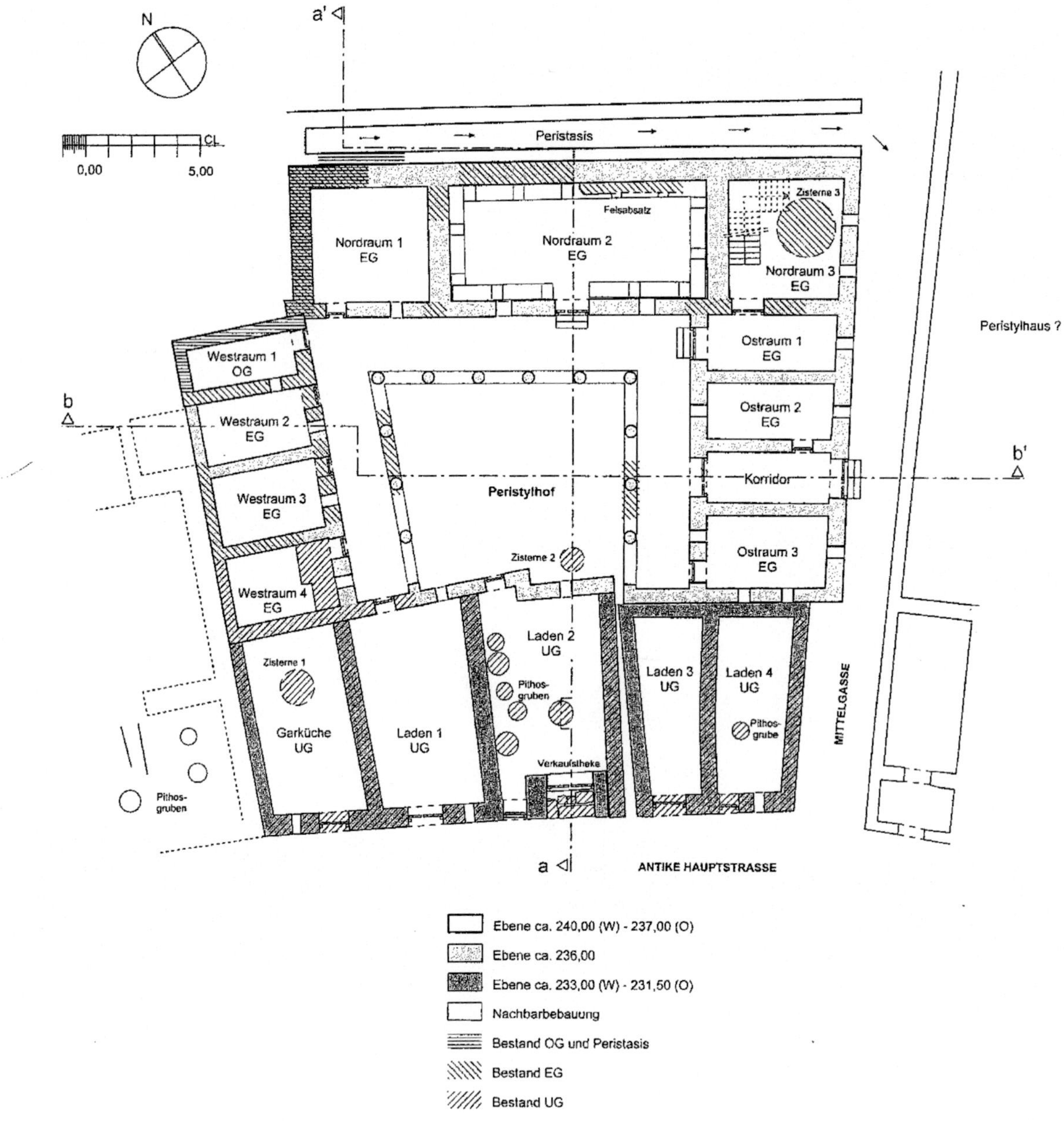

Figure 33 : Plan de la boutique 2 de la Rue principale de Pergame

Figure 34 : Puits de la pièce 45 de la Rue du théâtre à Délos

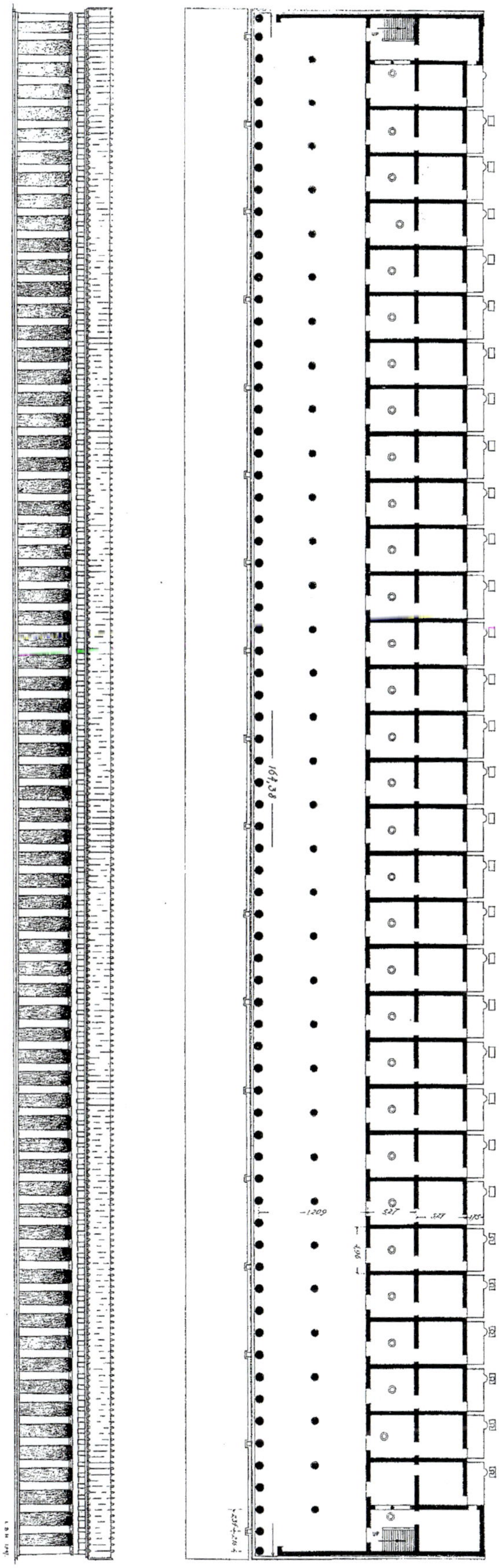

Figure 35 : Plan du Portique Sud de Corinthe

Figure 36 : Mur sud de la pièce 32 de la Rue du théâtre à Délos

Figure 37 : Muret devant les pièces polyvalentes à l'est du Réservoir inférieur de l'Inopos à Délos

Figure 38 : Plan du Quartier de Skardhana à Délos

La gestion des pièces polyvalentes

Dans les chapitres précédents, nous avons étudié les caractéristiques des pièces polyvalentes et nous avons vu comment elles répondaient aux besoins des personnes qui y travaillaient. Nous avons aussi identifié un certain nombre d'activités commerciales et nous les avons mises en rapport avec des constructions. Il reste encore à examiner leur gestion, à retrouver leurs propriétaires, les conditions de leur location, ainsi que les droits et les obligations des locataires.

Les propriétaires des pièces polyvalentes

L'examen des textes littéraires et épigraphiques, ainsi que l'observation des vestiges archéologiques, permettent souvent de retrouver le propriétaire de ces installations.

La cité ou les rois

Les cités grecques possédaient de nombreux locaux de vente. La plupart de ces locaux sont situés autour des agoras et il s'agit habituellement de portiques dotés de pièces polyvalentes. La construction de ces portiques était financée par la cité même ou, assez souvent à l'époque hellénistique, par des rois ou par de riches citoyens, qui les offraient ensuite à la cité. Ces édifices constituaient une importante source de revenus pour la cité et ils étaient, pour les bienfaiteurs, un moyen d'exprimer leur bienveillance envers la cité à un endroit très fréquenté, comme l'agora.

Un des cas les plus célèbres est celui du Portique d'Attale II, offert aux Athéniens par le souverain de Pergame.[415] À Pharsale en Thessalie, un bienfaiteur originaire d'Halicarnasse a donné à la cité un portique avec des pièces polyvalentes.[416] L'inscription mentionne explicitement le bénéfice que la cité tirera de ce don, puisqu'une partie des revenus provenant du portique servira à l'achat de l'huile nécessaire aux exercices des jeunes dans le gymnase et pour l'organisation des concours sportifs, appelés *Léônidaia*, en l'honneur du bienfaiteur de la cité.[417] À Pharsale, les revenus du portique offert par Léônidès seraient utilisés pour l'achat de l'huile. À Kymé, cité d'Éolide en Asie Mineure, un décret honorifique nous apprend qu'Archippè, une riche citoyenne, avait offert à la cité le droit d'exploitation d'une partie de sa fortune après sa mort. La vente des terrains qu'Archippè avait donnés à la cité aurait permis de financer la construction d'un portique avec des pièces polyvalentes.[418] À Thasos, Théodéktès, un citoyen thasien, avait offert à la cité un immeuble de rapport et des ateliers.[419]

Les rois de l'époque hellénistique pouvaient aussi être propriétaires de pièces polyvalentes. Une lettre d'Antiochos III, datant de l'été de 203 av. J.-C. et adressée au peuple de la cité de Sardes, laisse comprendre que le roi était propriétaire des pièces polyvalentes associées à un portique situé dans cette ville, puisqu'il dispense les locataires du loyer.[420]

---

[415] *IG* II^2 3171.

[416] DECOURT 1995, nº 52, p. 64-68.

[417] DECOURT 1995, nº 52, l. 2-5.

[418] MALAY 1983, p. 1-20, n° 3 ; PICARD 2006, p. 91, 104-105.

[419] *ÉtThas* III, Inv. 586, 1169.

[420] GAUTHIER 1989, p. 101-102.

Le sanctuaire

Les sanctuaires grecs accueillaient des transactions commerciales, le plus souvent à l'occasion d'une foire qui accompagnait une fête religieuse. À cause du caractère périodique des fêtes religieuses, on employait surtout des installations temporaires. Le lieu sur lequel les marchands s'installaient apparaît rarement dans les textes de manière à ce que l'on puisse en déduire le propriétaire. Cependant, une inscription d'Amarynthos en Eubée précise que la foire, qui avait lieu pendant la fête d'Artémis Amarysia, se tenait dans le sanctuaire même.[421]

Les sanctuaires possédaient aussi des locaux de vente qu'ils louaient pour augmenter leurs revenus et qui n'étaient pas forcément en rapport avec les fêtes religieuses. Ces locaux pouvaient être situés dans les sanctuaires, autour d'eux ou dans d'autres endroits de la ville.

Le sanctuaire d'Apollon à Délos possédait de nombreux locaux de fonction commerciale ou artisanale. Ces locaux apparaissent dans les comptes et les inventaires annuels que dressaient les administrateurs des biens sacrés. En 376/5 av. J.-C. un atelier de potier, un atelier de bronzier et un atelier de foulon sont mentionnés dans une liste de locations.[422] Un atelier de foulon est également mentionné dans l'inscription *ID* 104 11, qui date de 354/3 av. J.-C. Un entrepôt contenant des *pithoi* (πιθών) apparaît dans un état de locations de maisons sacrées, dans une inscription du milieu du IVe siècle av. J.-C..[423] Dans un nombre assez important d'inscriptions déliennes, il est question d'une forge (σιδηρεῖον).[424] Comme elle apparaît dans les listes de location, on en déduit qu'elle appartenait au sanctuaire d'Apollon. Une inscription du milieu du IIe siècle av. J.-C., dresse l'inventaire des travaux effectués dans les différents bâtiments qui appartenaient à Apollon, parmi lesquels se trouvait un atelier de rapiéceur de toiles à voile (ἱστιορράφιον).[425] La configuration architecturale de ces locaux n'est pas précisée par les inscriptions ; il est possible qu'il s'agisse de pièces polyvalentes, mais rien ne permet de l'affirmer.

À Milet, le futur Antiochos Ier annonce, en 299 av. J.-C., sa volonté de dédier un portique au sanctuaire d'Apollon à Didymes de Milet,[426] volonté qu'il répète dans un autre décret, postérieur de quelques mois, en l'honneur de la reine Apamè.[427] Ce portique a été identifié avec le portique est de l'agora de Milet (fig. 3)[428] et les revenus dont parlent les deux inscriptions d'Antiochos proviennent sans doute de la location des pièces polyvalentes qui lui appartenaient.

Une inscription de Pergame, qui date du troisième quart du IIe siècle av. J.-C., mentionne des ateliers dédiés par Attale Ier et gérés par un prêtre.[429] L'inscription ne précise pas de quels ateliers il s'agissait, ni à qui Attale les a dédiés. On a supposé qu'il s'agissait des pièces situées derrière les colonnades des portiques de l'Agora de la ville haute.[430] Cette identification est fondée sur l'hypothèse que le prêtre en

---

421 *IG* XII 9, 189, l. 32-33.

422 *ID* 98 *Ba*, l. 31-36.

423 *ID* 104 8 *B*, l. 33.

424 *IG* XI 2, 156 *A*, l. 3 ; *IG* XI 2, 158 *A*, l. 18 ; *IG* XI 2, 161 *A*, l. 19 ; *IG* XI 2, 162 *A*, l. 19 ; *IG* XI 2, 199 *A*, l. 94 ; *IG* XI 2, 201 *A*, l. 13 ; *IG* XI 2, 203 *A*, l. 26 ; *IG* XI 2, 226 *A*, l. 20 ; *IG* XI 2, 287 *A* ; *ID* 290, l. 129, 135 ; *ID* 353, l. 26-27 ; *ID* 354, l. 34 ; *ID* 366 *A*, l. 97 ; *ID* 400, l. 25 ; *ID* 402, l. 15 ; *ID* 442 *A*, l. 144.

425 *ID* 1416 *B* I, l. 92.

426 *Didyma* II, Inv. 479.

427 *Didyma* II, Inv. 480.

428 *Milet* I, 7, p. 44 ; *Milet* VI, 1, 193a ; SCHAAF 1992, p. 27.

429 *Syll*3, 1018.

430 ROBERT 1987, p. 486-487 ; GAUTHIER 1989, p. 106.

question était celui de Zeus, dont le sanctuaire se trouve dans l'agora. Si cette identification est la bonne, nous avons ici, comme à Milet, des locaux de vente situés sur l'agora et appartenant à une divinité.

Une inscription d'Oropos, qui date de 369/8 av. J.-C., nous apprend que les prêtres du sanctuaire d'Amphiaraos qui géraient l'argent provenant de la location des boutiques, qui se trouvaient sur la rive droite du sanctuaire.[431] Le fait que la gestion des boutiques est à la charge des prêtres pourrait signifier qu'elles appartenaient au sanctuaire.

Une inscription de Samos, datant de 245/4 av. J.-C., mentionne des boutiques dans le sanctuaire d'Héra.[432] Leur emplacement, ainsi que le fait que ces boutiques étaient gérées par les *néopes*, nous autorise à supposer qu'elles appartenaient au sanctuaire.

Les particuliers

Nos informations sur les installations commerciales appartenant à des associations et à des particuliers sont, naturellement, moins nombreuses.

Une inscription athénienne de la deuxième moitié du IVe siècle av. J.-C. nous fait connaître les propriétaires d'un atelier situé au Pirée.[433] La nature de l'atelier n'est pas précisée, mais nous apprenons qu'il faisait partie d'un ensemble composé d'une habitation et d'un petit local. L'atelier appartenait à un groupe de huit personnes, originaires du dème de Cythères. Trois d'entre elles, Ktésias, Ktésippos et Ktésicharès, devaient être frères, puisque leur patronyme est le même. L'association de l'atelier avec l'habitation nous rappelle les pièces situées en bordure des rues et occupant la façade des maisons, comme nous en avons vues à Olynthe, Priène, Pergame et Délos, pour ne citer que les exemples les plus caractéristiques. À Olynthe, on a retrouvé l'acte de vente d'une maison, qui comportait un entrepôt et des pièces dont la location rapportait un revenu au propriétaire de la maison.[434] Il s'agit d'une transaction entre particuliers. Une inscription d'Iasos, qui date du milieu du IVe siècle av. J.-C., comprend l'acte de vente de particuliers à un particulier d'une boutique ou taverne.[435]

Dans son discours *Contre Midias*, Démosthène mentionne un atelier d'orfèvrerie appartenant à un particulier appelé Pamménès et situé sur l'agora d'Athènes.[436] On apprend dans un discours d'Hypéride qu'Athénogènes possédait trois parfumeries situées près de l'agora et qu'il avait exercé le métier de parfumeur comme son père et son grand-père avant lui.[437]

La cité, le sanctuaire ou des particuliers ?

Certains édifices mentionnés dans les inscriptions ou les textes ont pu être identifiés sur le terrain et leur propriétaire nous est ainsi connu.[438] Cependant, il est le plus souvent impossible de mettre en rapport les textes avec les vestiges et il y a un grand nombre de constructions pour lesquelles nous n'avons aucune mention dans les textes ou dans les inscriptions. Malgré cette difficulté, nous pouvons parfois déduire le propriétaire d'une installation par son emplacement et son architecture.

---

[431] RETRAKOS 1997, Inv. 290.

[432] *IG* XII 6, 169, l. 4-5.

[433] *IG* II^{2}, 2496.

[434] ROBINSON 1934, p. 128-129 ; GAME 2008, p. 54-55.

[435] *IK* 28,1, 1, l. 44-45.

[436] Démosthène, *Contre Midias*, XXI, 22, 1.

[437] Hypéride, *Contre Athénogènes A*, V, 9, 3.

[438] *Supra*, p. 43.

Les portiques qui entourent les agoras peuvent être considérés comme appartenant à la cité ou à un sanctuaire, même à défaut d'inscription. L'aménagement de la place publique est une affaire de la cité et les sources écrites, que nous avons présentées dans les paragraphes précédents, montrent que ces édifices appartenaient à la cité ou à un sanctuaire, mais jamais à des particuliers. De plus, quand un particulier finance la construction d'un portique, il l'offre habituellement à la cité ou à un sanctuaire.

Nous sommes pratiquement certains que les pièces polyvalentes qui étaient construites contre les murs extérieurs des sanctuaires ou des édifices associatifs appartenaient à ces édifices. C'est le cas des pièces du Sarapieion C et de l'Agora des Italiens à Délos **(fig. 39)**. Celles qui étaient intégrées dans le plan d'un édifice associatif ou d'un édifice commercial, comme les pièces de l'Établissement des Poséidoniastes de Bérytos à Délos ou les pièces des Magasins α, β et γ dans le Quartier du théâtre à Délos, appartenaient très probablement à l'association ou aux propriétaires des édifices commerciaux. Les pièces qui occupaient les façades des maisons auraient pu appartenir au propriétaire de la maison, surtout si elles communiquaient avec la maison. Les propriétaires des maisons étaient en grande majorité des particuliers. Mais ces pièces auraient pu plus facilement avoir été vendues et changer de propriétaire que les pièces appartenant à des associations ou à des sanctuaires.

Nous constatons une différence entre les pièces appartenant à la cité ou à un sanctuaire et celles qui appartenaient à des particuliers. Les premières ont, d'une manière générale, un plan très régulier, surtout les pièces associées à des portiques.[439] Ces pièces présentent aussi peu de traces de réaménagements, malgré une durée de vie souvent assez longue. Ceci est particulièrement bien attesté à Délos, où les seuils des pièces polyvalentes du Portique coudé **(fig. 40)** présentent très peu de traces de changements de portes que l'on trouve dans les seuils des pièces polyvalentes du Quartier du théâtre, associées à des maisons ou à des édifices commerciaux **(fig. 41)**.

Les pièces associées à des habitations et appartenant probablement à des particuliers, présentent un plan moins régulier et, surtout, un grand nombre de réaménagements,[440] même quand leur durée d'utilisation n'a pas été très longue. Le plan et les réaménagements, qui sont caractéristiques des pièces polyvalentes appartenant à des particuliers, constituent des indices pour l'attribution d'une construction à des particuliers, mais n'ont pas une valeur absolue. L'exemple des propriétés sacrées du sanctuaire d'Apollon à Délos est très significatif. Un bon nombre de maisons sacrées et d'autres constructions, ont appartenu à des particuliers avant d'être acquises par le sanctuaire.[441] Leur configuration architecturale ne nous est pas connue, mais elle devait être celle des autres constructions privées.

L'utilisation et l'entretien des pièces polyvalentes

Les textes littéraires et les inscriptions nous donnent des informations sur la gestion des installations commerciales. Les pièces polyvalentes étaient souvent louées et nous apprenons la réglementation de la location, sa durée, les obligations des locataires et des propriétaires, les modalités de paiement, ainsi que l'utilisation de l'argent perçu. Nous avons aussi des renseignements sur les travaux d'entretien de ces locaux.

La location

Les locaux commerciaux et artisanaux étaient souvent loués et constituaient une source de revenus pour leurs propriétaires. Ceci est évident dans les discours de Démosthène contre Aphobos, son tuteur, qui avait la gestion de l'atelier dont l'orateur avait hérité ; dans le second discours, Démosthène accuse

---

[439] *Supra*, p. 45.

[440] Sur les réaménagements, voir *supra*, p. 56-58.

[441] MOLINIER 1914, p. 11-14 ; HENNIG 1983, p. 416-434 ; HELLMANN 1992, p. 293-294.

Aphobos d'avoir loué son atelier pendant deux ans sans lui avoir fourni le revenu ni les intérêts qui lui étaient dus.[442] Notre documentation sur la location de telles installations est assez importante et donne des informations sur la durée du bail, les conditions de la location, les obligations des locataires, le montant du loyer, les modalités de paiement, ainsi que sur l'usage de l'argent perçu comme loyer, quand le propriétaire était une cité ou un sanctuaire.

La durée du bail varie considérablement. La location d'un atelier au Pirée (*IG* II^2 2496) se fait à perpétuité, ce qui est exceptionnel ; on trouve un parallèle dans une inscription athénienne, découverte à Porto Rafti, où la location d'un terrain se fait également à perpétuité.[443] À Samos, les boutiques du sanctuaire d'Héra étaient louées pour un an,[444] alors qu'à Délos, le sanctuaire d'Apollon louait les maisons sacrées pour une durée de cinq ans.[445]

Une des conditions de location les plus fréquentes est la présence d'un garant. C'est ainsi que le locataire de l'atelier situé au Pirée, présente un garant, qui était probablement son propre père.[446] À Délos chaque personne souhaitant louer un local appartenant au sanctuaire d'Apollon devait présenter un garant, qui était renouvelé tous les ans.[447]

À Samos, les locataires des boutiques appartenant au sanctuaire d'Héra devaient habiter dans la pièce qu'ils louaient. Le contrat précisait également que personne ne pouvait louer plus d'une boutique, ce qui visait sans doute à diviser les risques de la location.[448] Le règlement de location des boutiques prévoyait aussi des restrictions aux droits des locataires officiels, qui ne pouvaient pas sous-louer leurs boutiques à des personnes indésirables. L'objectif de cette restriction était d'empêcher l'installation de ces dernières dans le sanctuaire et d'exclure le commerce illégal. L'interdiction d'accueillir des esclaves dans les boutiques, de leur donner du travail ou de ne rien acheter à des personnes indésirables allait dans le même sens. Le règlement assurait le bon ordre et le contrôle des activités commerciales dans le sanctuaire, ainsi qu'un revenu régulier, le loyer des boutiques.

À part l'obligation évidente de payer le loyer, l'accord entre les propriétaires et les locataires comprenait parfois d'autres obligations pour ces derniers. Le contrat de location de l'atelier du Pirée prévoyait que le locataire assure les frais de gravure du contrat sur une stèle et qu'il contribue à des dépenses imprévues concernant l'atelier.[449] Cependant, l'obligation la plus fréquente des locataires était d'assurer l'entretien des locaux qu'ils louaient.[450]

Le montant annuel du loyer apparaît parfois dans les inscriptions. Dans la Délos du premier quart du IIIe siècle av. J.-C., la location d'une boutique ou taverne (καπηλεῖον) coûte 120 drachmes, alors que le loyer des locaux (οἰκήματα) situés près de la mer s'élève à 91 et à 60 drachmes.[451] En 281 av. J.-C., les boutiques d'Éphésos à Délos sont louées pour 51 drachmes.[452] En 251 av. J.-C., toujours à Délos, les locaux près de la forge sont loués pour 59 drachmes, alors que l'atelier du bronzier Parméniôn est loué

[442] Démosthène, *Contre Aphobos* II, XXVIII, 12, 1.

[443] *IG* II^2 2497 ; BEHREND 1970, p. 84, 116, nº 27.

[444] *IG* XII 6, 169, l. 8.

[445] *ID* 1416 *B* I, l. 50-55, 92-106 ; *ID* 1417 *B* II, l. 122-126, 142-145, 152-167 ; MOLINIER 1914, p. 45 ; HENNIG 1983, p. 442-444 ; PRÊTRE 2002, p. 253.

[446] *IG* II^2, 2496, l. 20-21 ; WESCHER 1866, p. 355.

[447] *IG* XI 2, 226 *A*, l. 11-12 ; *ID* 1416 *B* I, l. 105 ; MOLINIER 1914, p. 60-66 ; PRÊTRE 2002, p. 253.

[448] *IG* XII 6, 169, l. 6-8.

[449] *IG* II^2, 2496, l. 24-28.

[450] *Infra*, p. 82-83.

[451] *IG* XI 2, 156 *A*, l. 15, 21-22.

[452] *IG* XI 2, 161 *A*, l. 16.

pour 57 drachmes.[453] Au Pirée, le loyer d'une maison (οἴκησις) et d'un petit local (οἰκημάτιον) était de 54 drachmes dans la seconde moitié du IIIe siècle av. J.-C..[454] En 156/5 av. J.-C. un atelier de rapiéceur de toiles à voile de Délos est loué pour 80 drachmes et deux autres ateliers situés sur l'île sont loués pour 100 et 210 drachmes.[455] Un an plus tard, trois ateliers déliens sont loués pour 65, 130 et 55 drachmes et une menuiserie est louée pour 120 drachmes.[456] Les locataires des boutiques du sanctuaire d'Héra à Samos n'avaient pas le droit de contester le montant du loyer, ni de demander une réduction.[457]

On trouve aussi quelques informations concernant les modalités de paiement : le locataire de l'atelier du Pirée devait payer le loyer en deux temps dans l'année.[458] À Samos, le loyer était versé en une seule fois.[459]

Les inscriptions précisent parfois l'usage qui est prévu pour l'argent du loyer.[460] À Oropos, cet argent permettait aux gestionnaires du sanctuaire d'assumer les frais d'un sacrifice, de payer le gardien du temple et de procéder à des travaux d'entretien, comme la restauration de la fontaine et des bains.[461] À Didymes, les revenus provenant de la location des pièces du portique, qu'Antiochos Ier comptait offrir au sanctuaire d'Apollon, étaient destinés aux travaux dans le sanctuaire.[462]

Les contrats de location prévoyaient aussi le cas où le locataire ne respecterait pas les clauses du contrat, et surtout celle qui concerne le versement du loyer. L'inscription de location de l'atelier du Pirée nous apprend que si le locataire ne payait pas son loyer ou s'il ne faisait pas les réparations nécessaires, il était obligé de payer une somme équivalente au double de son loyer et de quitter l'atelier.[463]

À Délos, quand un locataire ne pouvait pas payer le loyer ou s'il était mort avant la fin du bail, les administrateurs réclamaient cet argent de son garant et la propriété était à nouveau mise en location.[464] L'inscription *ID* 1417*B* II, qui comprend les inventaires de l'année 155/4 av. J.-C., nous donne quelques exemples, comme le cas de cet atelier de menuisier, qui, suite à la mort de son locataire initial, a été loué à nouveau. Ce cas est loin d'être isolé ; on apprend dans la même inscription que d'autres propriétés du dieu ont été louées à nouveau à cause du départ du locataire initial avant la fin du bail. L'année précédente, un autre atelier avait été loué à nouveau à cause de l'impossibilité du premier locataire à payer le loyer. Le bail était également interrompu quand le locataire ne pouvait pas constituer ses cautions.[465] Dans ce cas, les hiéropes procédaient à la réadjudication du local en question, comme ils l'ont fait pour un ἀνδρών, en 189 av. J.-C..[466]

La vente

La vente des installations commerciales est beaucoup moins bien attestée que la location par les sources écrites. Ceci n'est pas surprenant puisque les installations publiques étaient construites par la cité ou offertes par un bienfaiteur et elles étaient ensuite louées et non pas mises en vente. Ce sont donc les

---

453 *IG* XI 2, 287 *A*, l. 37-38.
454 *IG* II[2], 2496, l. 12.
455 *ID* 1416, l. 92, 97-100, 101-105.
456 *ID* 1417, l. 142-145; 152-155, 156-159, 163-167.
457 *IG* XII 6, 169, l. 35-36.
458 *IG* II[2], 2496, l. 13-15.
459 *IG* XII 6, 169, l. 35.
460 *Supra*, p. 76.
461 PETRAKOS 1997, Inv. 290.
462 *Didyma* II, Inv. 479, l. 11-12 ; *Didyma* II, Inv. 480, l. 13-14.
463 *IG* II[2], 2496, l. 17-20.
464 MOLINIER 1914, p. 52 ; HENNIG 1983, p. 448 ; HENNIG 1985, p. 181 ; PRÊTRE 2002, p. 253-254.
465 MOLINIER 1914, p. 52 ; HENNIG 1983, p. 448 ; PRÊTRE 2002, p. 253-254.
466 *ID* 403, l. 54.

documents qui se réfèrent à des transactions entre particuliers qui contiennent les seules mentions d'actes de vente d'installations commerciales : nous avons mention de la vente d'une boutique ou taverne (καπηλεῖον) à Iasos en Carie[467] et de la vente d'une maison, comprenant des pièces polyvalentes et un entrepôt à Olynthe.[468] Les noms du vendeur et de l'acheteur, ainsi que la somme versée par l'acheteur sont mentionnés dans les deux cas et on trouve aussi le nom du garant dans l'inscription d'Olynthe.

L'entretien

Certains documents nous renseignent sur l'entretien des locaux de vente, qui pouvait être à la charge du propriétaire ou du locataire. L'inscription concernant la location d'un atelier au Pirée,[469] comprend une clause qui oblige le locataire à procéder aux travaux de réparation nécessaires durant la première année du bail. Ceci s'explique peut-être par le fait que l'atelier est loué à perpétuité ; en obligeant le locataire à faire les réparations durant la première année, les propriétaires avaient essayé de s'assurer que les travaux allaient être faits dans des délais raisonnables. La défaillance du locataire à remplir cette obligation aurait entraîné son éviction de l'atelier.

Une inscription de Delphes[470] nous renseigne sur les travaux d'entretien effectués en 337/6 av. J.-C. dans des ateliers qui appartenaient au sanctuaire : il est question de claies de roseaux, destinées dans doute à la réfection de la toiture des ateliers. D'autres inscriptions de Delphes mentionnent des ateliers qui appartiennent à la cité. Un certain Akidôn a reçu les privilèges accordés par la cité à ses bienfaiteurs pour avoir accepté de réparer l'*hoplothèque* du sanctuaire d'Athéna Pronaia, le gymnase, le grand portique, le *naopeion* et les ateliers en 199/8 av. J.-C..[471] La nature des travaux n'est pas précisée, mais la fourniture des tuiles de la part de la cité nous fait penser qu'elles comprenaient certainement une réfection des toitures des bâtiments en question. Le texte n'est pas plus précis en ce qui concerne les ateliers, dont on ignore la destination et la configuration architecturale.

Une inscription de Pharsale[472] précise qu'une partie des revenus provenant de la location des boutiques du portique offert par Léônidès devait être accordée à la cité, qui se chargeait des réparations annuelles du portique. Cette somme représente l'argent qui resterait chaque année après le paiement de l'huile pour le gymnase et après l'organisation du concours gymnique et la lampadédromie des *Léônidaia*.

À Pergame, une inscription mentionne des ateliers gérés par le prêtre de Zeus[473] : c'était lui qui s'occupait de leur location et c'était lui qui était chargé de travaux d'entretien et de réparation. Mais la particularité de cette inscription réside dans le fait que le prêtre en fonction pouvait, au lieu de faire faire les travaux lui-même, payer la somme qui correspondait à l'entretien des ateliers à son successeur. L. Robert et Ph. Gauthier ont identifié ces ateliers avec les pièces de l'Agora de la ville haute.[474]

Les comptes des hiéropes de Délos enregistrent les travaux d'entretien concernant les maisons sacrées, qui sont toujours financés par le sanctuaire d'Apollon à l'époque de l'Indépendance. Nous savons ainsi que le sanctuaire avait financé, peu avant 282 av. J.-C., le nettoyage des locaux souterrains de la maison Sôsileia, la construction d'un portique de façade devant les ateliers de travailleurs masculins de la même maison et la fabrication des portes pour les locaux situés près de la mer.[475] En 274 av. J.-C. on a réparé le

---

[467] *IK* 28,1, 1.
[468] ROBINSON 1934, p. 127-129, n° 4.
[469] *IG* II², 2496, l. 15-16.
[470] *FD* III, V, 26 I *A*, l. 10-15, 44-50.
[471] *FD* III, IV, 136, l. 7-14.
[472] DECOURT 1995, nº 52, p. 64-68.
[473] *Syll*³, 1018.
[474] ROBERT 1984, p. 499 ; ROBERT 1987, p. 486-487 ; GAUTHIER 1989, p. 106.
[475] *IG* XI 2, 156 *A*, l. 26-40.

toit de la maison Sôsileia[476] et en 269 av. J.-C. on a réparé le mur de la maison Charéteia.[477] L'inscription *ID* 402, l. 17, qui date environ de 200 av. J.-C., mentionne un paiement pour la réparation des boutiques d'Éphèsos, mais sans préciser la nature des travaux. L'inscription *ID* 1416 *B* I nous apprend que les travaux d'entretien des ateliers étaient entrepris par les locataires.[478] Il est question de « revêtement en bois » pour certains ateliers. Les travaux comprennent aussi la réparation de la toiture, des murs, des enduits et des portes. Dans le cas des bâtiments qui sont dépourvus de portes, les locataires sont obligés d'en faire fabriquer.

Le fait que les réparations et les travaux d'entretien des biens sacrés sont à la charge des locataires constitue une différence importante entre la période de l'Indépendance de Délos et la période de la seconde domination athénienne[479] : pendant l'Indépendance de l'île, c'était le sanctuaire qui s'occupait de l'entretien de ses biens.

[476] *ID* 199 *A*, l. 68-69.
[477] *IG* XI 2, 203 *A*, l. 54-55.
[478] *ID* 1416 *B* I, l. 1-15, 17-19.
[479] HENNIG 1985, p. 173.

Figure 39 : L'Agora des Italiens à Délos

Figure 40 : Seuil d'une pièce du Portique Coudé de l'Agora des Déliens à Délos

Figure 41 : Seuil de la pièce 1 du Magasin β à Délos

Les pièces polyvalentes et l'organisation du commerce

Il est possible, dans certaines villes fouillées en extension, d'étudier la répartition des pièces polyvalentes dans les différents quartiers, ce qui nous permet parfois de repérer des programmes d'aménagement. Ces programmes, le nombre de pièces découvertes dans ces villes, ainsi que les réaménagements concernant les pièces polyvalentes nous amènent à des réflexions sur l'organisation du commerce et sur l'importance de ces villes d'un point de vue commercial.

Les villes qui permettent cette approche ne sont pas nombreuses[480] ; Olynthe, Délos, Pergame et Priène ont été fouillées en extension et nous connaissons assez bien le tissu urbain. Ailleurs, comme à Athènes, à Corinthe ou à Milet, c'est surtout le centre monumental qui a été dégagé. Il n'est pas possible, dans ces cas, d'étudier la répartition des pièces polyvalentes. Cependant, l'étude de l'équipement commercial des agoras de ces villes nous donne des renseignements sur leur importance commerciale.

La répartition des pièces polyvalentes et les programmes d'aménagement

Les fouilles d'Olynthe ont conduit à la découverte d'un grand nombre de pièces polyvalentes. Celles de la Colline Sud, où l'on a surtout dégagé des pièces le long des rues et pas des îlots entiers, sont aujourd'hui très difficiles à repérer et à étudier, à cause de l'état de l'entretien du site. Les pièces polyvalentes y sont pourtant très nombreuses[481] et se développent surtout le long des deux rues principales de la colline, l'Avenue Est et l'Avenue Ouest. Quelques-unes étaient associées à des maisons[482] et d'autres étaient indépendantes.[483]

Le plan de l'agglomération sur la Colline Nord est mieux connu et les restaurations permettent une meilleure lecture des vestiges. Les pièces polyvalentes de cette colline bordent les rues principales, les Avenues A et B **(fig. 42)**. Les rues secondaires vi, vii, viii ont aussi quelques pièces polyvalentes. Leur concentration est plus importante aux carrefours, mais elles donnent sur une seule rue à chaque fois. La plupart des pièces polyvalentes de la Colline Nord ouvrent vers l'Avenue B. Elles sont plus nombreuses dans sa partie sud, qui aboutit à l'espace que l'on identifie avec l'agora.[484] À cet endroit, les pièces polyvalentes occupent presque entièrement les façades des habitations, du moins du côté ouest de l'Avenue. Du côté est de l'Avenue B on a fouillé moins d'îlots d'habitation, qui sont d'ailleurs moins bien entretenus ; par conséquent, il n'est pas possible de savoir si les pièces polyvalentes étaient aussi denses que sur le côté ouest. Quelques pièces ont été retrouvées le long de l'Avenue C, mais ses abords ne sont pas suffisamment fouillés pour que l'on puisse évaluer son importance d'un point de vue commercial.

Les pièces polyvalentes de Pergame sont nombreuses et se trouvent dans différentes parties de la ville **(fig. 43)**. Nous pouvons distinguer celles qui sont associées aux portiques de celles qui sont associées à des maisons. Les premières sont les pièces des portiques des deux agoras et du Portique de la terrasse du théâtre. Les secondes occupent la façade de certains îlots d'habitation et ouvrent surtout vers la rue principale ; il s'agit d'une voie de communication importante, qui relie la partie basse de la ville avec la partie haute.

Une série de 21 pièces polyvalentes a été retrouvée au nord-est de l'Agora de la ville basse, du côté nord de la rue principale. Elles se situent en contrebas des maisons qui se trouvent immédiatement au nord et ne communiquent pas avec elles. La série des pièces est interrompue par un escalier, qui donnait

480 KARVONIS 2008a, p. 69.
481 *Olynthus* XII, p. 273-278, 283-286, 289-296, 303-307.
482 *Olynthus* XII, p.275-276.
483 *Olynthus* XII, p. 279.
484 CAHILL 2002, p. 265-266.

accès à la terrasse supérieure, ce qui nous rappelle les escaliers, placés à intervalles réguliers, entre les pièces polyvalentes à l'est du Réservoir de l'Inopos à Délos. On a considéré que les pièces de Pergame appartenaient au même programme d'aménagement.[485] Elles se distinguent en deux groupes suivant leur superficie : les pièces qui se trouvent à l'est de l'escalier varient entre *ca* 15 et 20 m^2 et les pièces situées à l'ouest de l'escalier, qui varient entre *ca* 10 et 14 m^2.

Les pièces polyvalentes de Priène, moins nombreuses qu'à Délos ou à Pergame, se situent presque exclusivement en bordure de la rue de la Porte Ouest et de la rue d'Athéna **(fig. 44)**. La première est la rue principale de la ville : elle la traverse d'un bout à l'autre dans une direction est-ouest, en passant par l'agora et le marché alimentaire. La rue d'Athéna aboutit au sanctuaire de la déesse, le plus important de la ville. La seule autre rue avec des pièces polyvalentes est celle qui passe au sud de l'agora et du sanctuaire d'Asclépios. Ces pièces appartiennent aux portiques sud de l'agora et de l'Asclépieion.

Les pièces polyvalentes de la rue d'Athéna se situent près de l'entrée du sanctuaire d'Athéna. Celles de la rue de la Porte Ouest sont plus nombreuses près de l'agora, ce qui nous rappelle l'emplacement des pièces de l'Avenue B à Olynthe. Les pièces polyvalentes de Priène étaient donc concentrées aux endroits les plus fréquentés de la ville.

Presque toutes les pièces occupent le côté nord des rues orientées est-ouest et ouvrent vers le sud. Ceci est probablement dû à la nécessité de faciliter l'accessibilité et l'approvisionnement des pièces, puisque les rues de direction est-ouest ont une pente assez faible, contrairement à celles qui sont orientées nord-sud et qui présentent une pente raide. W. Hoepfner et E. L. Schwandner ont supposé que les pièces du côté nord de la rue de la Porte Ouest appartiennent à un programme d'aménagement dicté par la cité.[486] Leur emplacement près de l'agora rappelle celui des pièces situées au nord de l'Agora de la ville basse de Pergame.

Délos est le site qui a donné le plus grand nombre de pièces polyvalentes et l'étendue des fouilles permet d'en étudier la répartition dans les différents quartiers de la ville. À Délos, comme dans les sites dont il a été question dans les paragraphes précédents, les pièces polyvalentes sont regroupées le long des rues importantes, autour des sanctuaires et près du port.

Presque tous les quartiers ont un nombre assez élevé de pièces polyvalentes, mais c'est le Quartier du théâtre **(fig. 45)** qui a permis une étude complète de leur répartition et un classement typologique des pièces.[487] Dans la partie haute du quartier, les pièces polyvalentes se trouvent surtout le long de la Rue du théâtre et aux carrefours. Ces pièces sont de petites dimensions, puisqu'elles ont une superficie de 17 m^2 en moyenne. Leur configuration architecturale est simple, leurs portes sont larges de 1,50 m environ, avec des encadrements en gneiss ou en bois stuqué. Dans cette partie du quartier, les pièces polyvalentes, bien que nombreuses, occupent une superficie assez faible par rapport aux maisons. Au contraire, dans la partie basse du quartier, les pièces polyvalentes occupent presque la même superficie que les habitations. Elles se trouvent de part et d'autre des deux rues les plus importantes du quartier, la Rue du théâtre et la Rue 5. La première conduit au théâtre et la seconde met en communication le Quartier de théâtre avec le Quartier Sud, où se trouvent les grands édifices commerciaux et les entrepôts de Délos. Les pièces de cette partie du quartier ont une superficie moyenne de 22 m^2. Elles ont de larges baies d'entrée, qui atteignent souvent les 2,50 m, avec des encadrements en marbre et elles étaient dotées de mezzanines. Les pièces de la partie haute et de la partie basse du Quartier du théâtre sont généralement associées à des maisons. Les pièces polyvalentes de la Rue du front de mer constituent la façade des édifices commerciaux, situés le long du port. Elles présentent la même configuration architecturale que les pièces de la partie basse du

[485] DÖRPFELD 1907, p. 164 ; *AvP* I 2, p. 217 ; RADT 1999, p. 85.

[486] HOEPFNER – SCHWANDNER 1994, p. 219.

[487] KARVONIS – MALMARY 2012, p. 271-274. Ce travail reste à faire pour les autres quartiers de la ville.

quartier, avec de larges baies, des encadrements de portes en marbre et des mezzanines, mais elles sont plus spacieuses ; leur superficie moyenne est de 35 m^2.

Le Quartier du lac et celui de Skardhana **(fig. 38)** ont aussi un nombre élevé de pièces polyvalentes. La rue qui passe au nord du sanctuaire est bordée, sur son côté nord, des pièces de l'Agora des Italiens. La rue à l'est du lac avait de nombreuses boutiques, situées surtout sur son côté est.[488] Celle qui passe devant la terrasse des lions est bordée de pièces polyvalentes de façon presque ininterrompue du côté ouest. Les fouilles récentes effectuées par le Service archéologique[489] ont montré que toute la façade est des îlots entre la terrasse des lions et l'Établissement des Poseidoniastes était occupée par des pièces polyvalentes. Les pièces appartenant au Monument de Granit et à l'Agora des Italiens sont de grandes dimensions, avec une superficie moyenne de 31 m^2, et elles ont de larges baies. Certaines pièces du Monument de Granit avaient des mezzanines. Les pièces polyvalentes sont moins nombreuses dans les parties hautes du quartier. Elles se situent surtout autour des carrefours et des places publiques ; elles sont plus petites, avec une superficie moyenne de 17 m^2 et leurs portes ne dépassent pas 1,50 m en largeur.

Dans le Quartier de l'Inopos **(fig. 46)**, les pièces polyvalentes sont également nombreuses. Elles sont situées près des sanctuaires importants découverts dans ce secteur de la ville, à l'est du Réservoir inférieur de l'Inopos et le long de quelques rues, en façade des îlots d'habitation. On peut les diviser en trois groupes selon leur superficie : le premier est composé de pièces de 16 m^2 en moyenne, le second de pièces de 21 m^2 et le troisième de pièces de 35 m^2. Ces trois groupes ne présentent pas de différences en ce qui concerne leur configuration architecturale. On ne trouve pas ici de larges baies, ni de traces visibles de mezzanines.

Dans le Quartier du stade, les pièces polyvalentes découvertes sont peu nombreuses, ce qui est peut-être dû au nombre limité d'îlots fouillés. Par conséquent, il n'est pas possible de raisonner sur leur répartition, ni de donner des dimensions moyennes représentatives.

À Délos, comme dans d'autres sites, il est possible de repérer des programmes d'aménagement.[490] Les pièces qui faisaient partie d'un programme d'aménagement avaient des dimensions très proches et une configuration architecturale presque identique. Leurs murs étaient le plus souvent liaisonnés, leurs seuils semblables et les matériaux de construction les mêmes. Certains programmes étaient de grande envergure et peuvent être attribués à la cité, à un sanctuaire ou à une collectivité. Les pièces du côté sud de l'Agora des Italiens constituent un bon exemple de pièces polyvalentes financées par une collectivité ; celles du Sarapieion C avaient certainement été financées par le sanctuaire. Les pièces qui se développent à l'est du Réservoir inférieur de l'Inopos **(fig. 18)** devaient également appartenir au même programme d'aménagement, dont nous ignorons le commanditaire. L'importance du projet et quelques indices topographiques nous font penser que leur construction était due probablement à l'initiative publique ou collective.[491]

D'autres programmes étaient moins importants et c'est pour cette raison que nous les attribuons à des particuliers.[492] Le projet le plus important comprend les pièces 5 à 11 de la Rue du théâtre **(fig. 45)**. Les autres projets concernent le plus souvent deux ou trois pièces, construites l'une à côté de l'autre et ayant un plan identique et des dimensions très proches. Les pièces 47 et 49 de la Rue du théâtre communiquent entre elles avec une baie percée dans leur mur mitoyen.

---

488 HOLLEAUX 1911, p. 853.

489 CHADZIDAKIS 2003, p. 77-78.

490 KARVONIS 2008b, p. 211-215.

491 KARVONIS 2008b, p. 212.

492 KARVONIS 2008b, p. 212, 215.

L'importance commerciale des villes à travers l'étude de leur équipement commercial

L'importance du commerce dans une ville peut être appréciée par l'étude de l'ensemble de ses installations commerciales. Une caractéristique commune dans toutes les villes commerciales importantes est la prépondérance des pièces polyvalentes, qu'elles soient associées à des portiques, à des édifices commerciaux ou à des maisons privées. Les agoras des villes comme Milet,[493] Thasos[494] et Pella[495] sont entourées de portiques ou d'édifices commerciaux avec des pièces polyvalentes. Les grandes villes commerciales disposent aussi de nombreux édifices commerciaux. Leurs installations commerciales sont dispersées dans tous les quartiers de la ville, même si leur concentration était plus grande autour de l'agora et du port. Les maisons-ateliers sont nombreuses à Athènes, mais pas dans les villes qui ont été fondées ou qui ont connue leur plus grand développement à l'époque hellénistique. À partir du IVe siècle av. J.-C., les artisans quittent progressivement leurs maisons, en tant que local de travail, et s'installent dans des pièces polyvalentes. Les maisons-ateliers sont ainsi peu nombreuses dans des villes comme Délos et Pergame.

Parmi les villes qui avaient un commerce très développé, Délos tient une place particulière. Elle a un nombre très élevé de locaux de commerce, qui présentent une grande variété et sont dispersés dans tous les quartiers de la ville **(fig. 13, 38, 45, 46)**. Les pièces polyvalentes mises à part, on y trouve de nombreux édifices commerciaux, des entrepôts ainsi que quelques maisons-ateliers.[496] Cette abondance d'installations commerciales confirme ce que les sources antiques nous apprennent sur l'importance du commerce délien. Délos semble posséder un équipement commercial qui dépasse les besoins de la ville. La répartition des locaux de vente dans les différents quartiers est celle que l'on observe dans les autres villes grecques : les pièces polyvalentes se développent le long des rues les plus fréquentées, aux carrefours, autour des places et des sanctuaires. Les édifices commerciaux se situent essentiellement au port, mais aussi dans la ville, aux endroits où il y avait suffisamment de place pour leur installation. Ce qui est exceptionnel à Délos est le nombre et la densité des locaux de commerce. Les édifices commerciaux du rivage occidental se succèdent sur près d'un kilomètre. Dans la ville, il y a plusieurs rues commerciales, la Rue du théâtre, la Rue 5, la rue immédiatement à l'est de la Terrasse des lions, celle qui passe à l'est du lac ou la rue à l'est du Réservoir inférieur de l'Inopos.

Si Délos présente une image spectaculaire avec des surfaces commerciales très importantes et développées grâce à des circonstances historiques favorables, l'image de Pergame devait être plus représentative pour les grandes villes grecques. Ses installations commerciales sont abondantes et variées **(fig. 43)** ; des pièces polyvalentes, une maison-atelier[497] et un édifice commercial[498] ont été identifiés. La plupart des pièces polyvalentes sont associées à des portiques. Les pièces indépendantes se développent surtout le long de la rue qui met en communication l'Agora de la ville basse avec l'acropole.

À Athènes, on a découvert un grand nombre d'installations commerciales autour de l'Agora **(fig. 47)**, dont on peut suivre l'évolution sur une longue période.[499] Les édifices commerciaux représentent la majorité de locaux de vente permanents. Ils se développent à partir du premier quart du Ve siècle av.

[493] *Milet* I, 6 ; *Milet* I, 7.

[494] *ÉtThas* XII, p. 302, 305-306 ; GRANDJEAN – SALVIAT 2000, p. 61, 70.

[495] AKAMATIS 1989, p. 176 ; AKAMATIS 1990a, p. 426 ; AKAMATIS 1990b, p. 78 ; AKAMATIS 1990c, p. 179-180, 182 ; AKAMATIS 1993, p. 19-20 ; AKAMATIS 1993-1994, p. 239 ; SIGANIDOU – AKAMATI 1996, p. 17 ; AKAMATIS 1999, p. 476 ; AKAMATIS 2002, p. 439, 442 ; AKAMATIS 2003, p. 41, 46, 146.

[496] Pour une présentation générale des installations commerciales de Délos, voir KARVONIS 2008b.

[497] *AvP* I 2, p. 223.

[498] DÖRPFELD 1907, p. 163-166 ; RADT 1999, p. 86.

[499] KARVONIS 2010.

J.-C. et ils occupent le côté nord et l'angle sud-est de l'Agora.[500] Les édifices commerciaux du côté nord de l'Agora sont composés de pièces polyvalentes **(fig. 7)**. Au deuxième quart du IIe siècle av. J.-C., encore un édifice commercial, le Bâtiment en briques, est construit sur le côté est de l'Agora.[501] Il est composé d'une série de cinq pièces polyvalentes avec leurs dépendances **(fig. 16)**. Le Bâtiment en briques est rapidement remplacé par le Portique d'Attale, qui est doté de 42 pièces, qui se développent sur deux niveaux.[502]

Un quartier artisanal, identifié avec Mélitè ou Collytos, a été dégagé au nord-ouest de l'Aréopage **(fig. 48)**[503] ; il s'agit d'un des rares exemples bien connus de ce type de quartier. Il est composé d'ateliers et de maisons-ateliers, qui ont été occupés entre le VIe siècle av. J.-C. et l'époque impériale. Cependant, à partir de la période hellénistique certaines maisons-ateliers sont abandonnées.[504]

Les villes qui avaient un commerce moins actif présentent des caractéristiques différentes. Leur équipement commercial, public ou privé, est plus restreint et moins varié que dans les grandes villes commerciales. Il est également réparti de manière différente. Les pièces polyvalentes continuent à être l'installation commerciale la plus répandue, mais elles sont nettement moins nombreuses que dans les villes dont il a été question dans les paragraphes précédents. Elles se trouvent surtout près de l'agora ou le long d'une rue importante.

C'est cette image que l'on trouve à Priène **(fig. 44)**, qui n'a pas la variété des installations commerciales des villes comme Délos, Athènes ou Pergame. Ici, il y a seulement des pièces polyvalentes et leur nombre n'est pas très élevé par rapport aux habitations. Les installations publiques sont également assez limitées, puisqu'elles se développent seulement autour de l'agora et leur nombre est relativement faible.

Théra ressemble à Priène de ce point de vue, mais la partie de la ville fouillée est proportionnellement inférieure. Les installations commerciales ne sont pas très nombreuses : nous avons repéré seulement quelques pièces polyvalentes, en bordure des rues importantes.

Les fouilles de la petite ville de Pétrès, près de Florina en Macédoine, nous donnent plus de renseignements sur l'organisation du commerce dans les villes qui n'avaient pas un commerce très développé. Les pièces du rez-de-chaussée des maisons ont été identifiées avec des boutiques, des ateliers et des entrepôts. Les boutiques et les ateliers étaient situés en façade et les entrepôts à l'arrière.[505] Les activités attestées sont le traitement et la vente des produits alimentaires, la production de la céramique et la coroplathie, ainsi que le travail du métal.[506] L'activité commerciale de la ville était concentrée de part et d'autre de la rue principale.

D'autres villes étaient tournées vers l'exploitation des produits agricoles. Les pièces polyvalentes sont présentes ici aussi, mais c'est la maison-atelier qui constitue le cadre privilégié de l'activité économique.

Olynthe est l'exemple le mieux connue de cette catégorie de villes. De nombreuses pièces polyvalentes ont été identifiées le long des rues les plus fréquentées, mais ce sont les maisons-ateliers qui lui donnent

---

500 SHEAR Jr 1971, p. 265-266 ; SHEAR Jr 1973, p. 138-144 ; SHEAR Jr 1975, p. 331-374 ; SHEAR Jr 1984, p. 43-47 ; CAMP 1996, p. 236-241.

501 *Agora* XXVII, p. 107-112.

502 THOMPSON 1959 ; *Agora* XIV, p. 104-107.

503 YOUNG 1951, p. 135-288 ; SHEAR Jr 1969, p. 383-394 ; *Agora* XIV, p. 174-179, 187 ; CAMP 1990, p. 184, 187-190.

504 YOUNG 1951, p. 267-269 ; SHEAR Jr 1969, p. 389.

505 ADAM-VELENI 1995, p. 19 ; ADAM-VELENI 1996, p. 15-17 ; ADAM-VELENI 1998a, p. 53 ; ADAM-VELENI 1998b, p. 56-58 ; ADAM-VELENI 2012, p. 180.

506 VELENIS 1987, p. 12 ; ADAM-VELENI 1996, p. 13-15 ; ADAM-VELENI 2012, p. 180-182.

une image très différente par rapport aux villes que nous avons présentées plus haut **(fig. 42)**. Les maisons-ateliers sont dispersées dans toute la ville et servaient non seulement au traitement des produits agricoles, mais aussi à la fabrication de toute sorte de produits.[507] N. Cahill a noté que la plupart des maisons-ateliers avaient des pièces polyvalentes, qui devaient fonctionner comme boutiques pour la vente des produits de la maison.[508]

Dans l'agglomération d'Isthmia, située au sommet de la colline Rachi, près du sanctuaire de Poséidon à l'Isthme, on a découvert des maisons-ateliers et un édifice commercial **(fig. 49)**. Les ateliers ont été interprétés comme des pressoirs à vin,[509] des tanneries et des ateliers de foulon[510] ou des huileries.[511] Les ateliers dans les maisons produisaient encore des textiles et des figurines votives.[512] L. Foxhall pense que ces installations pouvaient être utilisées aussi bien pour la production de l'huile que pour la production de vin et les met en rapport avec le fonctionnement du sanctuaire de Poséidon.[513] À Halieis, seules des maisons-ateliers, dans lesquelles on produisait de l'huile,[514] sont connues aujourd'hui.

Cet examen des installations commerciales des différentes villes grecques montre que les pièces polyvalentes étaient le local de commerce par excellence, aussi bien dans les grandes villes commerciales que dans les villes où le commerce était moins développé. Leur répartition dans le tissu urbain était à peu près la même, puisque la plupart des installations commerciales se regroupaient le long des rues les plus fréquentées et autour de l'agora ou de grands sanctuaires. Elles étaient associées avec des édifices publics, surtout des portiques, et avec des édifices privés, la différence étant dans le nombre plus élevé de ces locaux dans les grandes villes. La présence des maisons-ateliers et le regroupement de l'activité artisanale dans des quartiers sont des caractéristiques des villes de l'époque classique, comme Athènes. Dans les villes qui se sont développées à l'époque hellénistique, les maisons-ateliers sont rares. La production et la vente se dissocient de l'espace domestique et se concentrent dans des locaux spécialisés, le plus souvent les pièces polyvalentes. Les villes qui étaient tournées vers l'exploitation des produits agricoles présentent une image différente, avec un grand nombre de maisons-ateliers. Les pièces polyvalentes ne sont pas nombreuses dans ces villes, à l'exception d'Olynthe, où elles devaient, au moins en partie, servir à la vente des produits des maisons-ateliers.

---

[507] *Olynthus* II, p. 55-74, 108-110 ; *Olynthus* VIII, p. 71, 74-76, 78-82, 111-116, 125, 128-129, 342-343 ; *Olynthus* XII, p. 34-40, 51-57 ; GRAHAM 1953, p. 198-199 ; CAHILL 2002, p. 128-131, 239-246, 246-248, 250-253, 258.

[508] CAHILL 2002, p. 274.

[509] BRONEER 1958, p. 18.

[510] KARDARA 1961, p. 161-162 ; KARDARA 1974, p. 448.

[511] ANDERSON-STOJANOVIC 1996, p. 91-92 ; BRUN 2004, p. 102-103.

[512] ANDERSON-STOJANOVIC 1996, p. 92.

[513] FOXHALL 2007, p. 154-159.

[514] JAMESON 1969, p. 322-324 ; BOYD – RUDOLPH 1978, p. 350 ; AULT 1999, p. 559, n. 37, 560-564 ; JAMESON 2001, p. 281-286 ; BRUN 2004, p. 99-100 ; *Halieis* 2, p. 22-23, 25, 41, 79-80. L. Foxhall a considéré que les installations pouvaient servir à plusieurs fins, dont la production de vin et d'huile (FOXHALL 2007, p. 144-148).

Figure 42 : Plan de la Colline Nord d'Olynthe

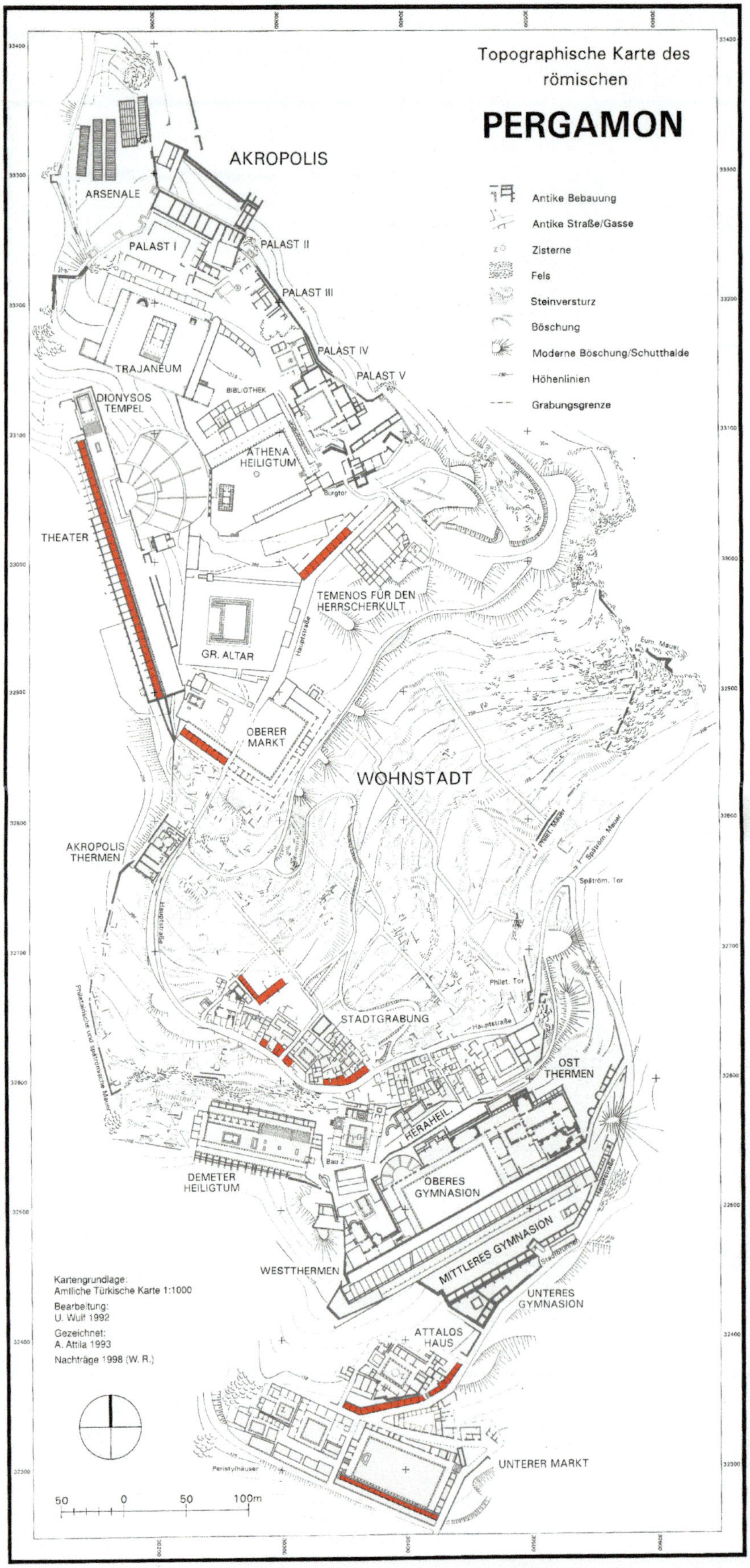

Figure 43 : Plan général de Pergame

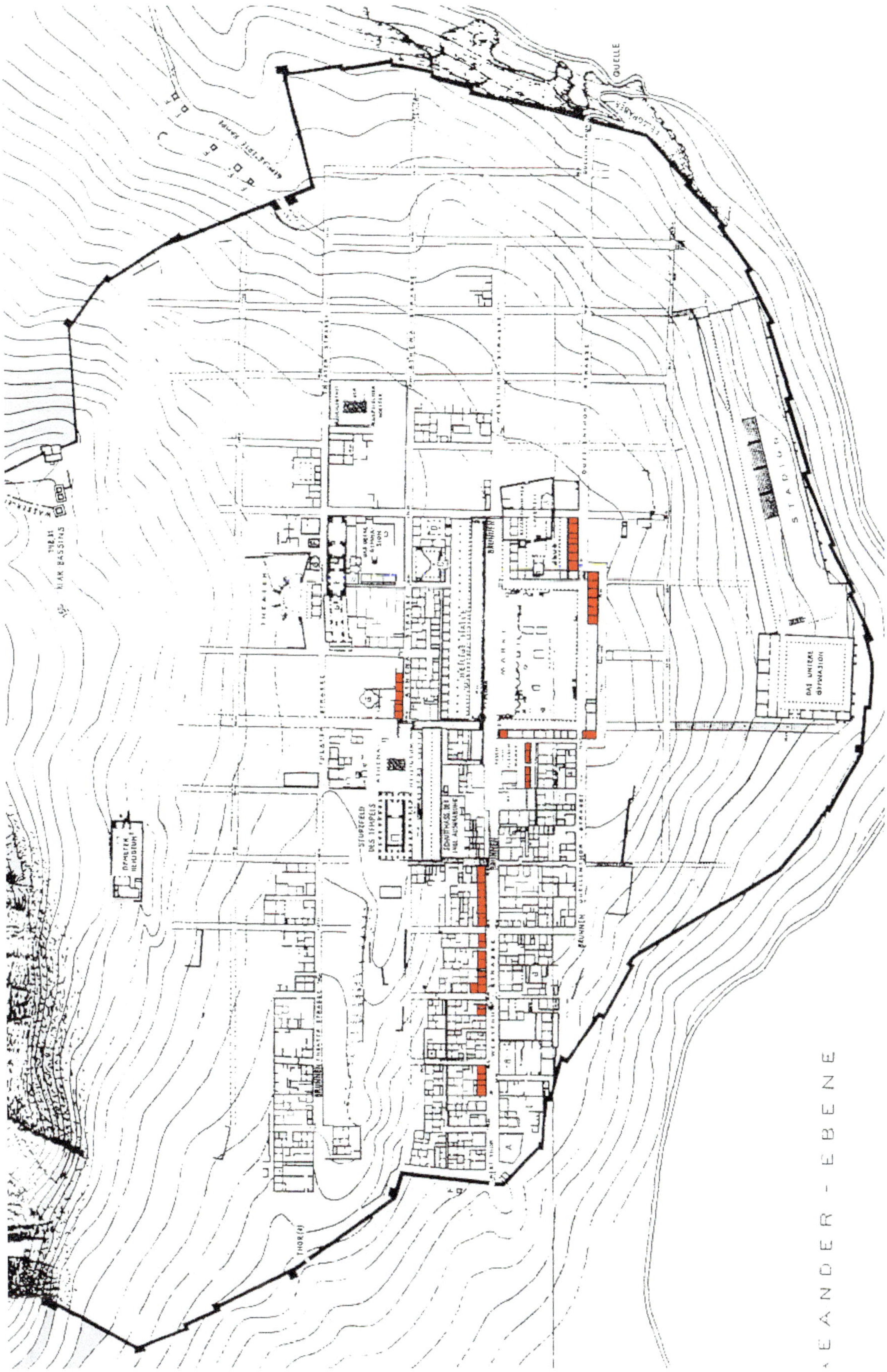

Figure 44 : Plan de Priène

Figure 45 : Plan du Quartier du Théâtre à Délos

Figure 46 : Plan du Quartier de l'Inopos à Délos

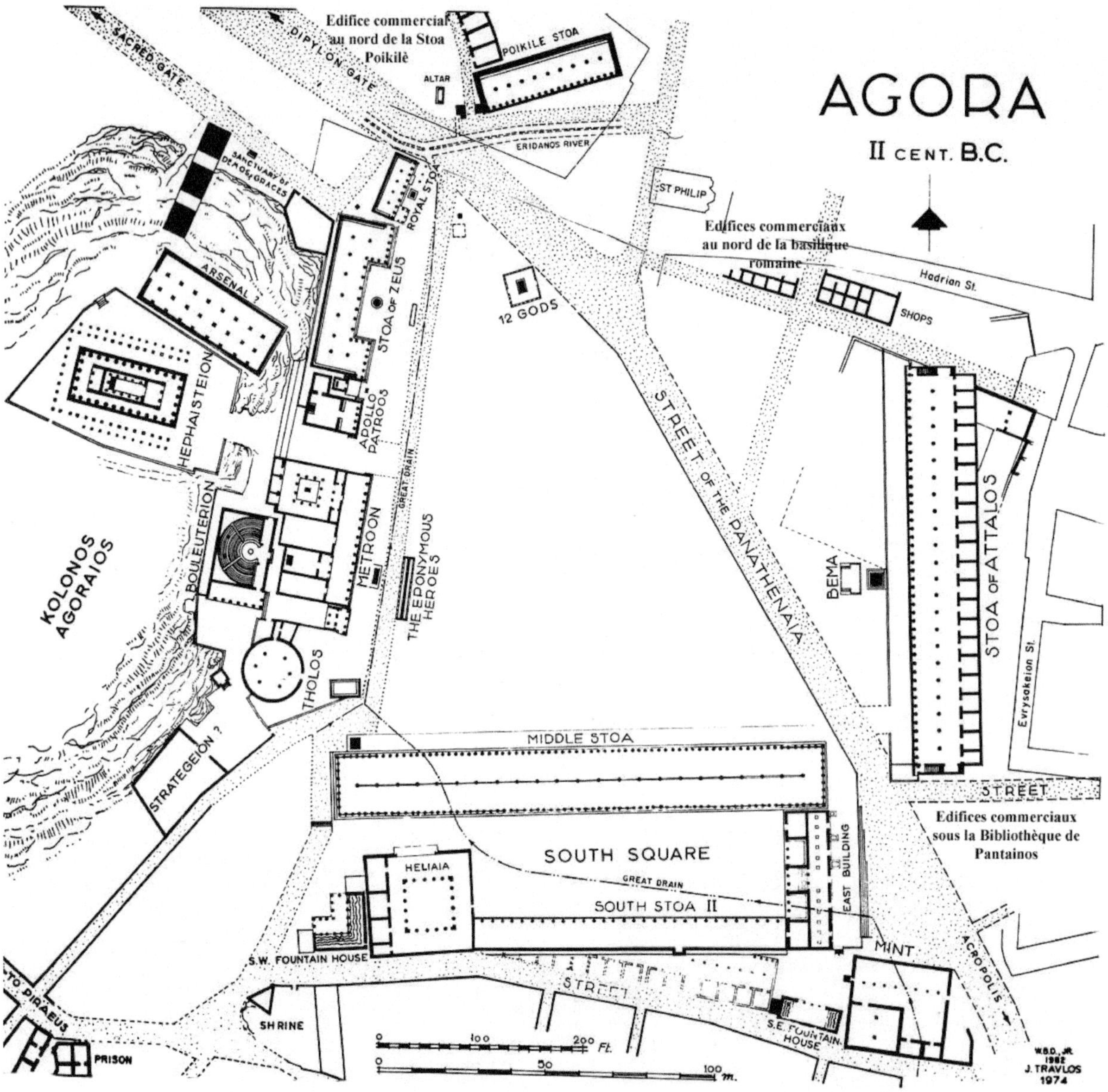

Figure 47 : Plan de l'Agora d'Athènes à l'époque hellénistique

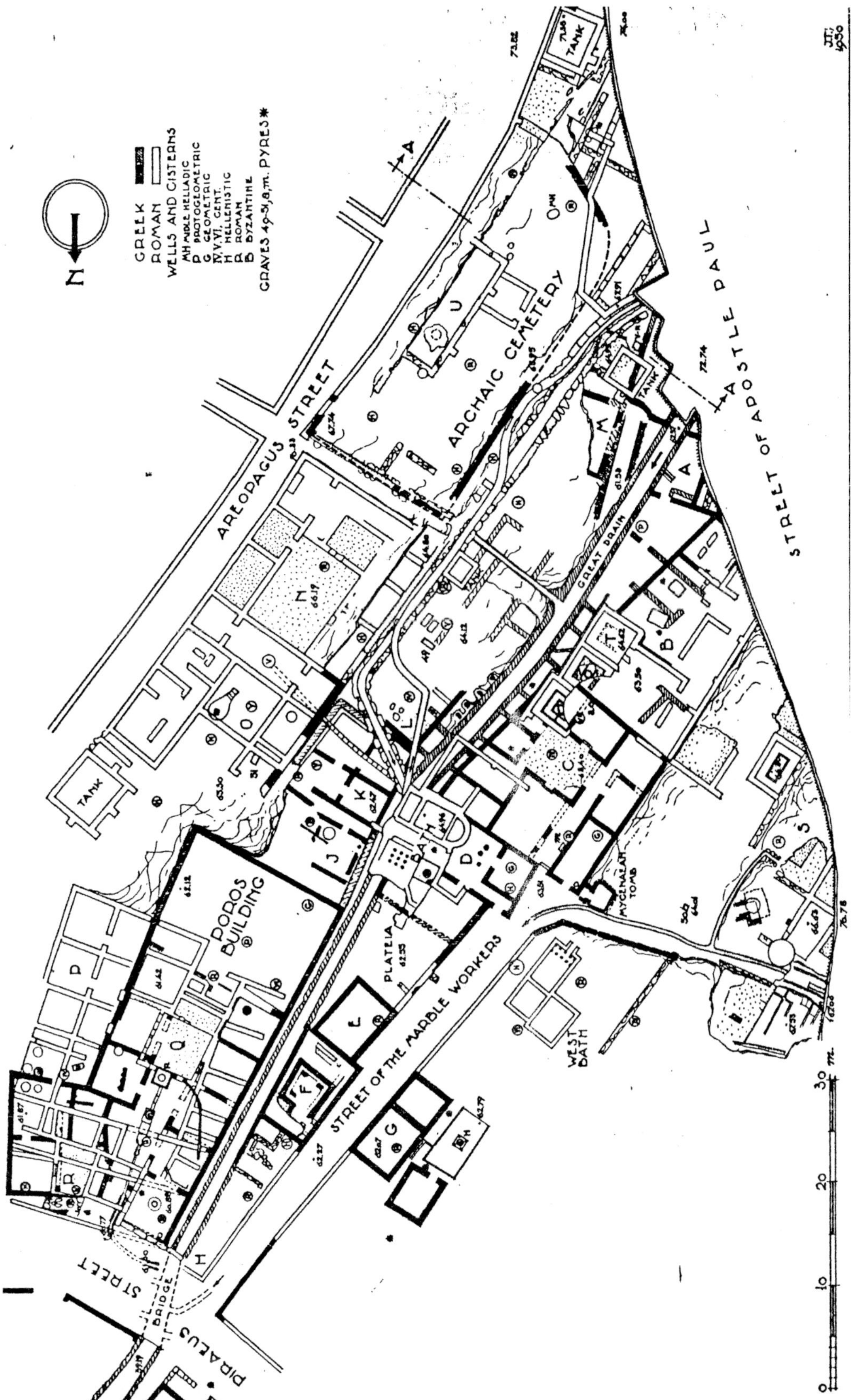

Figure 48 : Plan du Quartier industriel au nord de l'Aréopage à Athènes

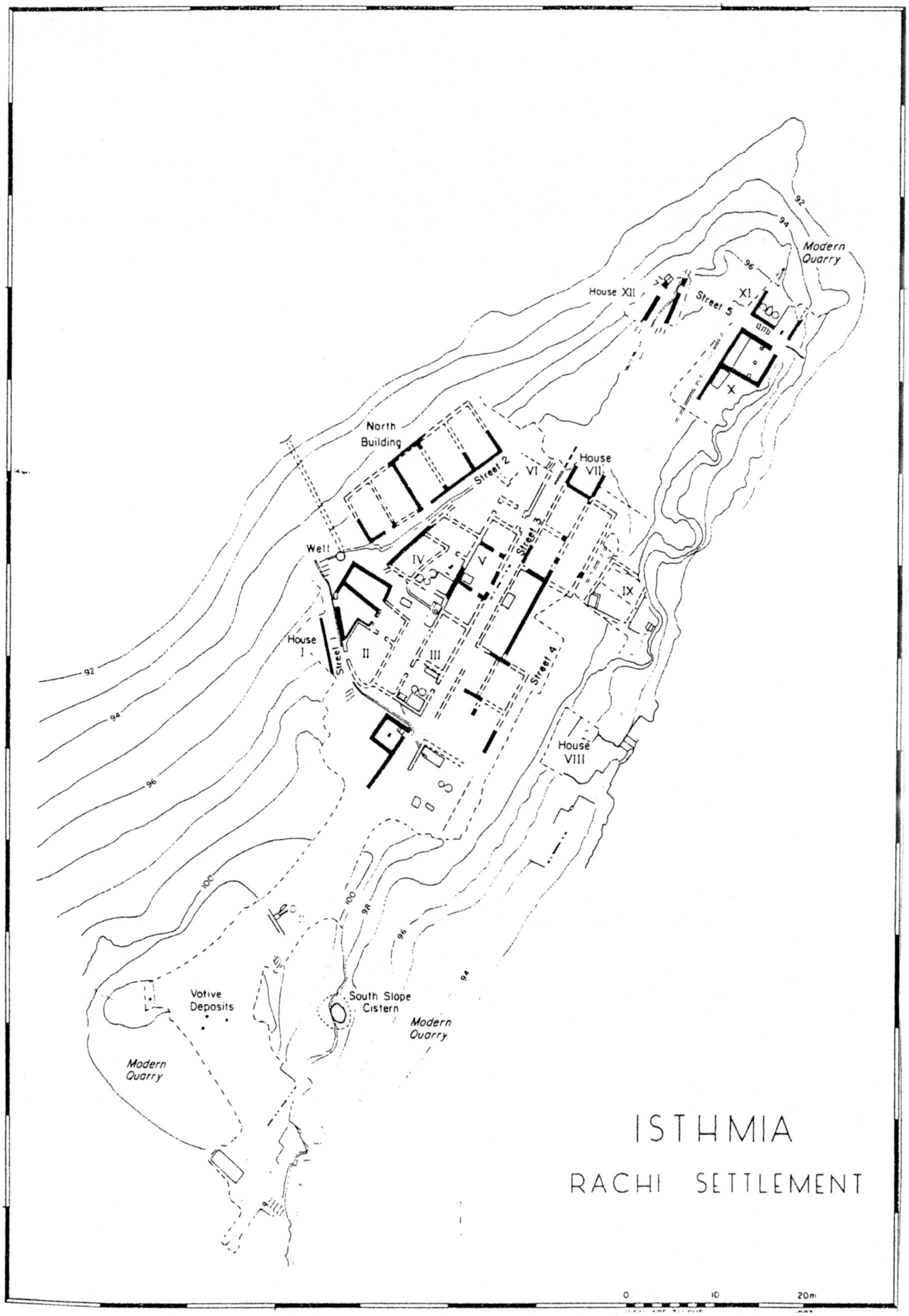

Figure 49 : Plan de l'agglomération d'Isthmia

Conclusion

Nous avons vu, au cours de cette étude, les caractéristiques principales, l'évolution et l'utilisation de l'installation commerciale la plus répandue de la Grèce antique, que nous avons appelée pièce polyvalente. Comme tout local de commerce, la pièce polyvalente se situe aux endroits les plus fréquentés des villes, à savoir en bordure des rues principales, des agoras et des sanctuaires ou près du port. Elle est associée à des édifices publics, surtout des portiques, et à des édifices privés, généralement des maisons, mais aussi à des édifices commerciaux. Son plan est le plus souvent carré ou rectangulaire. Il est plus régulier quand la pièce appartient à un portique. Les pièces polyvalentes sont généralement des pièces isolées, mais elles ont parfois une dépendance et elles peuvent communiquer entre elles ou avec un édifice voisin. Leur communication avec l'extérieur se faisait par la porte et, plus rarement, par les fenêtres, qui se trouvent surtout dans des pièces appartenant à des portiques. Les pièces polyvalentes se trouvent habituellement au niveau de la rue vers laquelle elles ouvrent. Leur équipement est très limité et c'est justement cette caractéristique qui a contribué au succès qu'elles ont connu. Elles pouvaient avoir des niches, des puits ou des installations liées à l'artisanat, comme des fours ou des moulins rotatifs.

La configuration architecturale de la pièce polyvalente n'a pas évolué pendant toute la période étudiée. En effet, seules certaines pièces de Délos, situées dans la partie basse de la ville et près du port, se différencient de ce point de vue ; elles présentent un traitement de la devanture exceptionnel, avec de larges baies d'entrée et des portes brisées et sont équipées avec des mezzanines, éléments qui n'existent pas ailleurs.

Les caractéristiques des pièces polyvalentes répondaient parfaitement aux besoins du commerce grec. L'absence d'équipement permanent rendait possible le changement de destination d'un local avec très peu de réaménagements et, par conséquent, avec des frais limités. Leur usage principal était le commerce de détail et le petit artisanat, ce qui est confirmé par les trouvailles faites pendant les fouilles et par les textes littéraires et épigraphiques. Mais ces pièces pouvaient aussi servir d'entrepôts, de tavernes, de local de travail de toute sorte et même d'habitat.

Cette polyvalence est bien attestée par la variété des appellations que nous trouvons dans les textes antiques, puisqu'aucun terme spécifique n'est employé pour les désigner. C'est peut-être le mot οἴκημα, un terme neutre, qui convient le mieux aux pièces polyvalentes. On a souvent employé le mot ἐργαστήριον, qui désigne les ateliers et, d'une manière générale, les locaux de commerce. Pour plus de précision, on a utilisé des mots composés : les ateliers étaient désignés par le suffixe -εῖον ou -ποιεῖον précédé du mot qui désigne l'activité artisanale ; de même, les mots qui se référaient aux locaux de vente étaient formés par le suffixe -πώλιον ou -πωλεῖον, précédé du mot qui décrivait la marchandise.

La possibilité de changement de destination qu'offraient les pièces polyvalentes a permis à leurs propriétaires de tirer un profit économique en les louant. Cette pratique est bien attestée par les textes épigraphiques pour les pièces appartenant à une cité ou à un sanctuaire. Les réaménagements que l'on observe dans les pièces polyvalentes appartenant à des particuliers montrent qu'elles aussi pouvaient être louées ou vendues.

L'apparition de la pièce polyvalente durant la période archaïque a marqué le début de la séparation entre l'espace domestique et l'espace de travail. Avant cette époque, les artisans travaillaient surtout dans leurs maisons. Avec la pièce polyvalente, les artisans, les commerçants et beaucoup d'autres professionnels ont trouvé un local adapté à leurs besoins. La pièce polyvalente a ainsi favorisé la spécialisation des locaux professionnels. Les petites dimensions et la souplesse d'aménagement de la pièce polyvalente ont contribué à sa diffusion. Elle est employée dans toutes les villes grecques et surtout dans celles qui avaient un commerce développé. Sa petite taille n'a pas empêché la création de grands espaces de commerce ou de stockage, puisqu'il suffisait de multiplier les pièces polyvalentes pour obtenir les grandes surfaces recherchées, comme c'est le cas dans les agoras. Cette évolution a été lente, mais, à partir du IVe siècle av. J.-C., la pièce polyvalente est utilisée plus régulièrement. À l'époque hellénistique, elle devient un élément caractéristique du paysage architectural des villes, que ce soit à l'agora, qui est entourée de portiques dotées de pièces polyvalentes, ou le long des rues principales.

Bibliographie

ADAM-VELENI 1995 : P. Adam-Veleni, « Πέτρες 1995. Η συνοικία της κρήνης », *AEMTh* 9 (1995), p. 15-23.

ADAM-VELENI 1996 : P. Adam-Veleni, « Πέτρες Φλώρινας : δώδεκα χρόνια ανασκαφής », *AEMTh* 10A (1996), p. 1-22.

ADAM-VELENI 1998a : P. Adam-Veleni, « Αμπέλια και κρασί στις Πέτρες Φλωρίνης. Οι μαρτυρίες μιας ελληνιστικής πόλης », *Αμπελοοινική ιστορία στο χώρο της Μακεδονίας και της Θράκης*, Ε΄ Τριήμερο εργασίας. Νάουσα, 19-19 Σεπτεμβρίου 1993, Athènes 1998, p. 50-59.

ADAM-VELENI 1998b : P. Adam-Veleni, *Πέτρες Φλώρινας. Περιήγηση σε μια ελληνιστική πόλη*, Thessalonique 1998.

ADAM-VELENI 2012 : P. Adam-Veleni, « Le centre commercial d'une petite ville hellénistique de la Macédoine antique », dans V. Chankowski, P. Karvonis (éds), *Tout vendre, tout acheter. Structures et équipement des marchés antiques, Actes du colloque d'Athènes, 16-19 juin 2009*, Bordeaux 2012, p. 175-183.

AKAMATIS 1988 : I. Akamatis, « Η Αγορά της Πέλλας », *AEMTh* 2 (1988), p. 75-90.

AKAMATIS 1989 : I. Akamatis, « Πρόσθετα ανασκαφικά στοιχεία για τη χρονολόγηση της καταστροφής της Αγοράς της Πέλλας », *Egnatia* 1 (1989), p. 173-193.

AKAMATIS 1990a : I. Akamatis, « Ανασκαφή Αγοράς Πέλλας », *Egnatia* 2 (1990), p. 423-434.

AKAMATIS 1990b : I. Akamatis, « Η Αγορά της Πέλλας κατά το 1989 », *AEMTh* 4 (1990), p. 143-154.

AKAMATIS 1990c : I. Akamatis, « Η αγορά της Πέλλας. Τα πρώτα αρχαιολογικά συμπεράσματα », *Μνήμη Δ. Λαζαρίδη. Πόλις και Χώρα στην αρχαία Μακεδονία και Θράκη. Πρακτικά Αρχαιολογικού Συνεδρίου. Καβάλα 9-11 Μαΐου 1986. Ελληνογαλλικές έρευνες* I. Thessalonique 1990, p. 175-193.

AKAMATIS 1993 : I. Akamatis, *Πήλινες μήτρες αγγείων από την Πέλλα. Συμβολή στη μελέτη της ελληνιστικής κεραμικής*, Athènes 1993.

AKAMATIS 1993-1994 : I. Akamatis, « Αγορά Πέλλας 1993-1994 », *Egnatia* 4 (1993-1994), p. 231-247.

AKAMATIS 1999 : I. Akamatis, « Η ανασκαφή της αγοράς της Πέλλας κατά το 1998 και 1999 », *AEMTh* 13 (1999), p. 473-490.

AKAMATIS 2002 : I. Akamatis, « Αγορά Πέλλας. Ανασκαφική περίοδος 2002 », *AEMTh* 16 (2002), p. 437-447.

AKAMATIS 2003 : I. Akamatis, « Πέλλα 2003. Νέα δεδομένα για την αγορά της », *AEMTh* 17 (2003), p. 437-447.

AKAMATIS 2012 : I. Akamatis, « L'Agora de Pella », dans V. Chankowski, P. Karvonis (éds), *Tout vendre, tout acheter. Structures et équipement des marchés antiques, Actes du colloque d'Athènes, 16-19 juin 2009*, Bordeaux 2012, p. 49-59.

ALEXOPOULOU 1990 : G. Alexopoulou, « Οδός Φαρμάκη και Βαρδακούλα (οικόπεδο Χριστ. Πασαπόρτη) », *AD* 45 (1990) B1 Chron., p. 142.

Alt-Smyrna I : E. Akurgal, *Alt-Smyrna* I, *Wohnschichten und Athenatempel*, Ankara 1983.

Agora III : R. E. Wycherley, *The Athenian Agora* III, *Literary and Epigraphical Testimonia*, Princeton, New Jersey 1957.

Agora X : M. Lang – M. Crosby, *The Athenian Agora* X, *Weights, measures and tokens*, Princeton, New Jersey 1964.

Agora XIV : H. A. Thompson, R. E. Wycherley, *The Athenian Agora* XIV, *The Agora of Athens. The History, Shape and Uses of an Ancient City Center*, Princeton, New Jersey 1972.

Agora XIX : G. V. Lalonde, M. K. Langdon, M. B. Walbank, *The Athenian Agora XIX, Inscriptions, Horoi, Poletai Records, Leases of Public Lands*, Princeton, New Jersey 1991.

Agora XXVII : R. F. Townsend, *The Athenian Agora* XXVII, *The East Side of the Agora. The remains beneath the Stoa of Attalos*, Princeton, New Jersey 1995.

ANDERSON-STOJANOVIC 1996 : V. R. Anderson-Stojanović, « The University of Chicago Excavations in the Rachi Settlement at Isthmia, 1989 » *Hesperia* 65 (1996), p. 57-98.

ARCHONTIDOU 1989 : A. Archontidou, « Λέσβος. Περιοχή Καμάρες », *AD* 44 (1989), B2 Chron., p. 402.
ARCHONTIDOU 1990 : A. Archontidou, « Περιοχή Τσας (οικόπεδο Β. Σοφρά) », *AD* 45 (1990), B2 Chron., p. 398.
AULT 1999 : B. A. Ault, « *Koprones* and Oil Presses at Halieis: Interactions of Town and Country and the Integration of domestic and Regional Economies », *Hesperia* 68 (1999), p. 549-573.
AvP I 2 : A. Conze, O. Berlet, A. Philippson, C. Schuchhardt, F. Gräber, *AvP* I2, *Stadt und Landschaft*, Berlin 1912-1913.
AvP III 1 : J. Schrammen, *AvP* III1, *Der Grosse Altar. Der Obere Markt*, Berlin 1906.
AvP IV : R. Bohn, *AvP* IV, *Die Theater Terrasse*, Berlin 1896.
AvP XV 3 : U. Wulf, *AvP* XV3, *Die Stadtgrabung. Die hellenistischen und römischen Wohnhäuser von Pergamon*, Berlin 1999.
AvP XV4 : H. Schwarzer, *Das Gebäude mit dem Podiensaal in der Stadtgrabung von Pergamon*, *AvP* XV4, Berlin 2008.
BANAKA-DIMAKI 1997 : A. Banaka-Dimaki, « La Coroplathie d'Argos. Données nouvelles sur les ateliers d'époque hellénistique. », dans A. Muller (éd.), *Le moulage en terre cuite dans l'Antiquité, Actes du Colloque du Centre de Recherches Archéologiques-Lille III (7-8 déc. 1995)*, Lille 1997, p. 315-331.
BAZIOTOPOULOU-VALAVANI 1994 : E. Baziotopoulou-Valavani, « Ανασκαφές σε αθηναϊκά κεραμικά εργαστήρια αρχαϊκών και κλασσικών χρόνων », dans W. D. E. Coulson, O. Palagia, T. L. Shear Jr., F. J. Frost (éds), *The Archaeology of Athens and Attica under the Democracy, Proceedings of an International Conference celebrating 2500 years since the birth of democracy in Greece, held at the American School of Classical Studies at Athens, December 4-6, 1992*, Oxford 1994.
BEEKES 2010 : R. Beekes, *Etymological Dictionary of Greek*, Leiden 2010.
BEHREND 1970 : D. Behrend, *Attische Pachturkunden. Ein Beitrag zur Beschreibung der μίσθωσις nach dem griechischen Inschriften*, Munich 1970.
BÉLIS 1998 : A. Bélis, « Les fabricants d'*auloi* en Grèce : l'exemple de Délos », *Topoi*, Volume 8/2, 1998, p. 777-790.
BÉQUIGNON 1935 : Y. Béquignon, « Études Thessaliennes : VIII. La stoa de Pharsale et les Leonidaia », *BCH* 59 (1935), p. 514-519.
BETTALLI 1985 : M. Bettalli, « Case, botteghe, *ergasteria* : note sui luoghi di produzione e di vendita nell'Atene classica », *Opus* 4 (1985), p. 29-42.
BIZARD-ROUSSEL 1907 : L. Bizard et P. Roussel, « Fouilles de Délos, exécutées aux frais de M. le Duc de Loubat. Le côté oriental du téménos d'Apollon », *BCH* 31 (1907), p. 471-498.
BOHN 1889 : R. Bohn, *Altertümer von Aegae, JdI, Zweites Ergänzungsheft*, Berlin 1889.
BOYD – RUDOLPH 1978 : Th. Boyd, W. Rudolph, « Excavations at Porto Cheli and Vicinity Preliminary Report IV: The Lower Town of Halieis, 1970-1977 », *Hesperia* 47 (1978), p. 333-355.
BRESSON 1993 : A. Bresson, « Les cités grecques et leurs emporia », dans A. Bresson, P. Rouillard (éds), *L'emporion*, Paris 1993, p. 163-226.
BRESSON 2008 : A. Bresson, *L'économie de la Grèce des cités (fin VIe-Ier siècle a. C.). II, Les espaces de l'échange*, Paris 2008.
BRUN 2004 : J.-P. Brun, *Archéologie du vin et de l'huile. De la préhistoire à l'époque hellénistique*, Paris 2004.
BRUNEAU 1968 : Ph. Bruneau, « Contribution à l'histoire urbaine de Délos à l'époque hellénistique et à l'époque impériale », *BCH* 92 (1968), p. 633-709.
BRUNEAU 1987 : Ph. Bruneau, « Deliaca VI », *BCH* 111 (1987), p. 313-342.
BRUNEAU 1994-5 : Ph. Bruneau, « La maison délienne », *RAMAGE* 12 (1994-1995), p. 77-118.
BRUNEAU – DUCAT 2010 : Ph. Bruneau et J. Ducat, *Οδηγός της Δήλου*[4], Athènes 2010.
BRUNET 1997 : M. Brunet, « Le moulin délien », dans D. Meeks, D. Garcia (éds), *Techniques et économie antiques et médiévales : les temps de l'innovation*, Colloque international (C.N.R.S.) Aix-en-Provence 21-23 Mai 1996, 1997, p. 29-38.

BRUNET 1998 : M. Brunet, « L'artisanat dans la Délos hellénistique : essai de bilan archéologique », *Topoi*, Volume 8/2, 1998, p. 681-691.

BRONEER 1958 : O. Broneer, « Excavations at Isthmia. Third Campaing, 1955-1956 », *Hesperia* 27 (1958), p. 1-37.

CAH IX : J. A. Crook, A. Lintott, E. Rawson, (éd.), *The Cambridge Ancient History, Volume* IX, *The Last Age of the Roman Republic 146-43 B.C.*, Cambridge 1994.

CAHILL 2002 : N. Cahill, *Household and City Organization at Olynthus*, Yale 2002.

CAMP 1990 : J. M. Camp, *The Athenian Agora. A Guide to the Excavation and Museum*, Athens 1990.

CAMP 1996 : J. M. Camp, « Excavations in the Athenian Agora : 1994 and 1995 », *Hesperia* 65 (1996), p. 231-261.

CAMP 2003 : J. M. Camp II, « Excavations in the Athenian Agora: 1998-2001 », *Hesperia* 72 (2003), p. 241-280.

CASEVITZ 1993: M. Casevitz, « Emporion : emplois classiques et histoire du mot », dans A. Bresson, P. Rouillard (éds), *L'emporion*, Paris 1993, p. 9-22.

CASKEY 1954 : J. L. Caskey, *Ancient Corinth, A Guide to the Excavations*, Athènes 1954.

CEH : W. Scheidel, I. Morris, R. Saller (éds), *The Cambridge Economic History of the Greco-Roman World*, Cambridge 2007.

CHADZIDAKIS 2003 : P. Chadzidakis, *ΔΗΛΟΣ*, Athènes 2003.

CHADZIDIMITRIOU 2005 : A. Chadzidimitriou, *Παραστάσεις εργαστηρίων και εμπορίου στην εικονογραφία των αρχαϊκών και κλασικών χρόνων*, Athènes 2005.

CHADZIPOULIOU 1988 : E. Chadzipouliou, « Οδός Βαλαβάνη 4. Οδός Βαλαβάνη 6 και Παμφίλης. Οδός Καλλισθένους », *AD* 43 (1988), B1 Chron., p. 30-31.

CHAMONARD 1906 : J. Chamonard, « Fouilles de Délos. Fouilles dans le Quartier du Théâtre », *BCH* 30 (1906), p. 486-609.

CHAMONARD 1933 : J. Chamonard, « Fouilles à Délos (juillet-septembre 1904) », *BCH* 57 (1933), p. 98-169.

CHANDEZON 2000 : Chr. Chandezon, « Foires et panégyries dans le monde grec classique et hellénistique », *REG* 113 (2000), p. 70-100.

CHANTRAINE 2009 : P. Chantraine, *Dictionnaire étymologique de la langue grecque. Histoire des mots*, Paris 2009.

CLARKE – BACON – KOLDEWAY 1902 : J. I. Clarke, F. H. Bacon, R. Koldeway, *Investigations at Assos*, London 1902.

Corinth I : H. N. Fowler, R. Stillwell, C. W. Blegen, B. Powell, Ch. A. Robinson Jr, *Corinth* I, *Introduction. Topography. Architecture*, Cambridge, Massachusetts 1932.

Corinth I, III : R. L. Scranton, *Corinth* I, *Part* III, *Monuments in the Lower Agora and north of the Archaic Temple*, Princeton, New Jersey 1951.

Corinth I, IV : O. Broneer, *Corinth* I, *Part* IV, *The South Stoa and its Roman Successors*, Princeton, New Jersey, 1954.

Corinth XV : A. Newhall, R. Stillwell, *Corinth* XV, *Part* I, *The Potters' Quarter*, Princeton, New Jersey, 1948-1984.

COULTON 1976 : J. J. Coulton, *The architectural development of the Greek stoa*, Oxford 1976.

COUNILLON 1993 : P. Counillon, « L'emporion des géographes grecs », dans A. Bresson, P. Rouillard (éds), *L'emporion*, Paris 1993, p. 47-57.

DAKARIS 1971 : S. Dakaris, *Kassopaia and the Elean Colonies, Αρχαίες Ελληνικές Πόλεις* 4, Athènes 1971.

DECOURT 1995 : J.-Cl. Decourt, *Études Épigraphiques* 3. *Inscriptions de Thessalie* I. *Les cités de la vallée de l'Énipeus*, Athènes 1995.

DEMARGNE 1903 : J. Demargne, « Fouilles à Latô en Crète (1899-1900) », BCH 27 (1907), p. 206-232.

DÉROCHE – PETRIDIS – BADIE 1996 : V. Déroche, P. Petridis, A. Badie, « Travaux de l'École Française en Grèce en 1995. Delphes. Villa Sud-Est », *BCH* 120 (1996), p. 847-851.

Didyma II : A. Rehm, *Didyma* II : *Die Inschriften*, Berlin 1958.
DINSMOOR 1974 : W. B. Dinsmoor, *The Architecture of Ancient Greece. An Account of its Historic Development*, London 1974.
DONTAS 1967 : G. Dontas , « Κτήμα Ευελπίδη », AD 22 (1967), B 2 Chron., p. 366-367.
DÖRPFELD 1902 : W. Dörpfeld, « Die arbeiten zu Pergamon 1900-1901. Die Bauwerke » *AM* 27 (1902), p. 10-43.
DÖRPFELD 1904 : W. Dörpfeld, « Die arbeiten zu Pergamon 1902-1903. Die Bauwerke » *AM* 29 (1904), p. 113-151.
DÖRPFELD 1907 : W. Dörpfeld, « Die Arbeiten zu Pergamon 1904-1905. Die Bauwerke », *AM* 32 (1907), p. 163-240.
DURRBACH 1902 : F. Durrbach, « Fouilles de Délos. Le Portique Tétragone », *BCH* 26 (1902), p. 480-553.
DURVYE et alii 2008 : C. Durvye, M. Douthe, J.-S. Gros, Fr. Nicot, « Travaux de l'École Française d'Athènes en 2007. Délos. L'Aphrodision », *BCH* 132 (2008), p. 803-806.
EAD V : F. Courby, *EAD* V, *Le Portique d'Antigone ou du Nord-Est et les constructions voisines*, Paris 1912.
EAD VI : Ch. Picard, *EAD* VI, *L'Établissement des Poseidoniastes de Bérytos*, Paris 1921.
EAD VIII : J. Chamonard, *EAD* VIII, *Le Quartier du Théâtre*, Paris 1922-24.
EAD XVIII : W. Deonna, *EAD* XVIII, *Le mobilier délien*, Paris 1938.
EAD XIX : Ét. Lapalus, *EAD* XIX, *L'Agora des Italiens*, Paris 1939.
EAD XXIV : H. Gallet de Santerre, *EAD* XXIV, *La Terrasse des lions, le Létoon, le Monument de granit à Délos*, Paris 1959.
EAD XXVII : Ph. Bruneau, Cl. Vatin, U. Bezerra de Meneses, G. Donnay, E. Lévy, A. Bovon, G. Siebert, V. R. Grace, M. Savvatianou-Petropoulakou, E. Lyding Will et T. Hackens, *EAD* XXVII, *L'îlot de la Maison des comédiens*, Paris 1970.
EAD XXXV : E. Will, *EAD* XXXV, *Le sanctuaire de la déesse syrienne*, Paris 1985.
EAD XXXVII : M.-D. Nenna, *EAD* XXXVII, *Les verres*, Paris 1999.
EAD XXXVIII : G. Siebert, *EAD* XXXVIII, *L'Îlot des Bijoux. L'Îlot des Bronzes. La Maison des Sceaux. 1. Topographie et Architecture*, Paris 2001.
EAD XXXIX : H. Duchêne, Ph. Fraisse, EAD XXXIX, *Le Paysage portuaire de la Délos antique. Recherches sur les installations maritimes, commerciales et urbaines du littoral délien*, Paris 2001.
EMPEREUR 1983 : J.-Y. Empereur, « Travaux de l'École Française en Grèce en 1982. Une cour remplie d'amphores à l'Est du Lac Sacré », *BCH* 107 (1983), p. 882-886.
Eretria X : K. Reber, *Eretria Ausgrabungen und Forschungen* X. *Die klassischen und hellenistischen Wohnhäuser im Westquartier*, Lausanne 1998.
ÉtThas III : J. Pouilloux, *Études Thasiennes* III, *Recherches sur l'histoire et les cultes de Thasos* I. *De la fondation de la cité à 196 av. J.-C.*, Paris 1954.
ÉtThas XII : Y. Grandjean, *Études Thasiennes* XII, *Recherches sur l'habitat thasien à l'époque grecque*, Paris 1988.
EUSTRATIOU 2000 : Cl. Eustratiou, « Εργαστήρια Γλυπτικής στην Παροικία Πάρου », dans D. U. Schilardi, D. Katsonopoulou (éds), *Παρία Λίθος. Λατομεία, μάρμαρο και εργαστήρια γλυπτικής της Πάρου, Πρακτικά Α' Διεθνούς Συνεδρίου Αρχαιολογίας Πάρου και Κυκλάδων, Παροικία, Πάρος 2-5 Οκτωβρίου 1997*, Athènes 2000, p. 105-111.
FOXHALL 2007 : L. Foxhall, *Olive cultivation in Ancient Greece. Seeking the Ancient Economy*, Oxford 2007.
GAME 2008 : J. Game, *Actes de vente dans le monde grec. Témoignages épigraphiques des ventes immobilières*, Lyon 2008.
GAUTHIER 1989 : Ph. Gauthier, *Nouvelles inscriptions de Sardes* II, Genève 1989.
GAUTHIEZ 2003 : B. Gauthiez, *Espace urbain*, Paris 2003.
GIANNIKOURI – SKERLOU – PAPANIKOLAOU 2011 : A. Giannikouri, E. Skerlou, E. Papanikolaou, « Η αγορά της Κω: ανασκαφικά δεδομένα » dans A. Giannikouri (éd.), *Η αγορά στη Μεσόγειο από τους ομηρικούς έως τους ρωμαϊκούς χρόνους. Διεθνές επιστημονικό συνέδριο. Κως, 14-17 Απριλίου 2011*, Athènes 2011, p. 357-382.

GIANNOPOULOU-KONSOLAKI 1990 : E. Giannopoulou-Konsolaki, *Γλυφάδα. Ιστορικό παρελθόν και μνημεία*, Athènes 1990.

GINOUVÈS 1998 : R. Ginouvès, *Dictionnaire méthodique de l'architecture grecque et romaine. Tome III. Espaces architecturaux, bâtiments et ensembles*, Rome 1998.

GOFAS 1993 : D. Gofas, *Μελέτες ιστορίας του ελληνικού δικαίου των συναλλαγών. Αρχαίου, βυζαντινού, μεταβυζαντινού*, Athènes 1993.

GRAHAM 1953 : J. W. Graham, « Olynthiaka », *Hesperia* 22 (1953), p. 196-207.

GRANDJEAN 1975 : Y. Grandjean, « Travaux de l'École Française en 1974. La porte du Silène », *BCH* 99 (1975), p. 711-715.

GRANDJEAN 1999 : Y. Grandjean, « Installations artisanales dans le Quartier de la Porte du Silène à Thasos », dans Ch. Koukouli-Chrysanthaki, A. Muller, S. Papadopoulos (éds), *Thasos. Matières premières et technologie de la préhistoire à nos jours*, Actes du Colloque International, 26-29/9/1995, Thasos, Liménaria, Athènes 1999, p. 161-169.

GRANDJEAN – SALVIAT 2000 : Y. Grandjean et Fr. Salviat, *Guide de Thasos*², Paris 2000.

GREEN 1990 : P. Green, Alexander to Actium. The Historical Evolution of the Hellenistic Age, Berkeley 1990.

GUGGISBERG 1988 : M. Guggisberg, « Terrakotten von Argos. Ein Fundkomplex aus dem Theater », *BCH* 112 (1988), p. 167-234.

Halieis 2 : B. A. Ault, *The Excavation at Ancient Halieis 2, The Houses. The Organization and Use of Domestic Space*, Indianapolis 2005.

HELLMANN 1992 : M.-Chr. Hellmann, *Recherches sur le vocabulaire de l'architecture grecque, d'après les inscriptions de Délos*, Paris 1992.

HELLMANN 1994 : M.-Chr. Hellmann, « La maison grecque : les sources épigraphiques », *Topoi*, Volume 4 (1994), p. 131-146.

HELLMANN 1999 : M.-Chr. Hellmann, *Choix d'inscriptions architecturales grecques traduites et commentées*, Lyon 1999.

HELLMANN 2010 : M.-Chr. Hellmann, *L'architecture grecque 3. Habitat, urbanisme et fortifications*, Barcelone 2010.

HENNIG 1983 : D. Hennig, « Die "heiligen Häuser" von Delos », *Chiron* 13 (1983), p. 411-495.

HENNIG 1985 : D. Hennig, « Die "heiligen Häuser" von Delos », *Chiron* 15 (1985), p. 165-186.

HOEPFNER – SCHWANDNER 1994 : W. Hoepfner, E. L. Schwandner, *Haus und Stadt im klassischen Griechenland*, Berlin 1994.

HOEPFNER – LEHMANN 2006 : W. Hoepfner, L. Lehmann (éds), *Die griechische Agora, Bericht über ein Kolloqium am März 2003 in Berlin*, Mainz am Rhein 2006.

HOEPFNER 2005 : W. Hoepfner (éd), *Ιστορία της κατοικίας 5000 π.Χ. - 500 μ.Χ.*, Thessalonique 2005.

HOEPFNER 2006 : W. Hoepfner, « Die griechische Agora im Überblick », dans W. Hoepfner, L. Lehmann (éds), *Die griechische Agora, Bericht über ein Kolloqium am März 2003 in Berlin*, Mainz am Rhein 2006, p. 1-28.

HÖLKESKAMP 1997 : K.-J. Hölkeskamp, « Agorai bei Homer », dans W. Eder, K.-J. Hölkeskamp (éds), *Volk und Verfassung im vorhellenistischen Griechenland, Beiträge auf dem Symposium zu Ehren von Karl-Wilhelm Welwei in Bochum 1-2 März*, Stuttgart 1997, p. 1-15.

HOLLEAUX 1911 : M. Holleaux, « Rapport sur les travaux exécutés aux environs du lac sacré, dans l'île de Délos, pendant l'année 1910 (15 août – 1er octobre), *CRAI* 1911, p. 845-877.

HÖLSCHER 1998 : T. Hölscher, *Öffentliche Räume in frühen griechischen Städten*, Heidelberg 1998.

HUMANN – KOHTE – WATZINGER 1904 : C. Humann, J. Kohte, C. Watzinger, *Magnesia am Maeander. Bericht Über die Ergebnisse der Ausgrabungen der Jahre 1891-1893*, Berlin 1904.

I. von Magnesia : O. Kern, *Die Inschriften von Magnesia am Maeander*, Berlin 1900.

I. von Priene : F. Fr. Hiller von Gaertringen, *Inschriften von Priene*, Berlin 1906.

JAMESON 1969 : M. H. Jameson, « Excavations at Porti Cheli and Vicinity, Preliminary Report, I: Halieis, 1962-1968 », *Hesperia* 38 (1969), p. 311-342.

JAMESON 2001 : M. H. Jameson, « Oil Presses of the Late Classical/Hellenistic Period », dans J.-P. Brun, Ph. Jockey (éds), *τέχναι Techniques et sociétés en Méditerranée*, Paris 2001, p. 281-299.

JARDÉ 1905 : A. Jardé, « Fouilles de Délos. Le quartier marchand au Sud du sanctuaire », *BCH* 29 (1905), p. 6-54.

JARDÉ 1906 : A. Jardé, « Fouilles dans le Quartier marchand », *BCH* 30 (1906), p. 632-664.

JOCKEY 1993 : Ph. Jockey, *Techniques et ateliers de sculpture à Délos à l'époque hellénistique*, Paris 1993.

JUDEICH 1931 : W. Judeich, *Topographie von Athen*, Munich 1931.

KAKAVOGIANNI – ANETAKIS 2012 : O. Kakavogianni, M. Anetakis, « Les agoras commerciales des dèmes antiques de la Mésogée et de la région du Laurion » dans V. Chankowski, P. Karvonis (éds), *Tout vendre, tout acheter. Structures et équipement des marchés antiques, Actes du colloque d'Athènes, 16-19 juin 2009*, Bordeaux 2012, p. 185-199.

KARAGIORGA-STATHAKOPOULOU 1988 : Th. Karagiorga-Stathakopoulou, « Δημόσια έργα και ανασκαφές στην Αθήνα τα τελευταία πέντε χρόνια », *HOROS* 6 (1988), p. 87-108.

KARAMITROU – VATALI 1999 : G. Karamitrou-Mendesidi, M. Vatali, « Πολύμυλος Κοζάνης 1999 », *AEMTh* 13 (1999), p. 369-398.

KARAMITROU-MENDESIDI 2011 : G. Karamitrou-Mendesidi, « Η αγορά της Αιανής », dans A. Giannikouri (éd.), *Η αγορά στη Μεσόγειο από τους ομηρικούς έως τους ρωμαϊκούς χρόνους. Διεθνές επιστημονικό συνέδριο. Κως, 14-17 Απριλίου 2011*, Athènes 2011, p. 311-326.

KARDARA 1961 : Chr. Kardara, « Dyeing and weaving works at Isthmia », *AJA* 65 (1961), p. 261-266.

KARDARA 1974 : Chr. Kardara, « Βαφή, βαφεία και βαφαί κατά την αρχαιότητα », *Hesperia* 43 (1974), p. 447-453.

KARVONIS 2008a : P. Karvonis, « Typologie et évolution des installations commerciales dans les villes grecques », *REA* 110 (2008), p. 57-81.

KARVONIS 2008b : P. Karvonis, « Les installations commerciales dans la ville de Délos à l'époque hellénistique », *BCH* 132.1 (2008), p. 153-219.

KARVONIS – MALMARY 2009 : P. Karvonis, J.-J. Malmary, « Étude architecturale de quatre pièces polyvalentes du Quartier du théâtre à Délos », *BCH* 133.1 (2009), p. 195-226.

KARVONIS 2010 : P. Karvonis « The Athenian Agora as a Commercial Centre: Archaeological and Literary Evidence » dans H. Lohmann, T. Mattern (éds), *Attika. Archäologie einer „zentralen" Kulturlandschaft, Akten der internationalen Tagung vom 18.-20. Mai in Marburg*, Wiesbaden 2010, p. 137-150.

KARVONIS – MALMARY 2012 : P. Karvonis, J.-J. Malmary, « Du quartier à l'agora : étude de cas dans la Quartier du théâtre à Délos », dans V. Chankowski, P. Karvonis (éds), *Tout vendre, tout acheter. Structures et équipement des marchés antiques, Actes du colloque d'Athènes, 16-19 juin 2009*, Bordeaux 2012, p. 263-275.

KARVONIS – MALMARY 2015-2016 : P. Karvonis, J.-J. Malmary, « Les mezzanines déliennes : étude technique et contexte archéologique », *BCH* 139-104.1 (2015-2016), p. 321-344.

KENZLER 1999 : U. Kenzler, *Studien zur Entwicklung und Struktur der griechischen Agora in der archaischer und klassischer Zeit*, Frankfurt 1999.

KERAMOPOULLOS 1919 : A. D. Keramopoullos, « Ἀνασκαφὴ ἐν Αἰξωνῇ Ἀττικῆς », *PAE* 1919, 44-46.

KLEINER 1968 : G. Kleiner, *Die Ruinen von Milet*, Berlin 1968.

KNORRINGA 1961 : H. Knorringa, *Emporos. Data on trade in Greek literature from Homer to Aristotle*, Amsterdam 1961.

KOHL 2001 : M. Kohl, « La genèse du portique d'Attale II. Origine et sens des singularités d'un bâtiment construit dans le cadre de la nouvelle organisation de l'Agora d'Athènes au IIe siècle av. J.-C. », dans J.-Y. Marc, J.-Ch. Moretti (éds), *Constructions publiques et programmes édilitaires en Grèce entre le IIe siècle av. J.-C. et le Ier siècle ap. J.-C., Actes du Colloque organisé par l'École Française d'Athènes et le CNRS, Athènes 14-17 mai 1995*, Athènes 2001, p. 237-267.

KOLB 1981 : F. Kolb, *Agora und Theater. Volks- und Festversammlung*, Berlin 1981.
LABARRE 1996 : G. Labarre, *Les cités de Lesbos. Aux époques hellénistique et impériale*, Lyon 1996.
LAUTER 1986 : H. Lauter, *Die Architektur des Hellenismus*, Darmstadt 1986.
LAWRENCE 1967 : A. W. Lawrence, *Greek Architecture*, London 1967.
LILIMPAKI-AKAMATI – AKAMATIS 2003 : M. Lilimpaki-Akamati, I. Akamatis, *Πέλλα και η περιοχή της*, Thessalonique 2003.
MAKARONAS 1963 : Ch. Makaronas, « Ανασκαφαί Πέλλης », *AD* 18 (1963), B2 Chron., p. 200-206.
MAIURI 1925 : A. Maiuri, *Nuova Silloge Epigrafica di Rodi e Cos*, Florence 1925.
MALAY 1983 : H. Malay, « Three Decrees from Kyme », *Epigraphica Anatolica* 2 (1983), p. 1-20.
MANSOURI 2002 : S. Mansouri, « L'agora athénienne ou le lieu de travail, des discussions et des nouvelles politiques : chercher la politique là où elle n'est apparemment pas », *Dialogues d'Histoire Ancienne*, 28/2 (2002), p. 41-63.
MARC 1998 : J.-Y. Marc, « Les agoras grecques d'après les recherches récentes », *Histoire de l'art* 42/43 (1998), p. 3-15.
MARTIN 1951 : R. Martin, *Recherches sur l'agora grecque. Études d'histoire et d'architecture urbaines*, Paris 1951.
MARTIN 1974 : R. Martin, *L'urbanisme dans la Grèce antique*, Paris 1974.
MATTUSCH 1977 : C. Mattusch, « Corinthian metalworking: the forum area », *Hesperia* 46 (1977), p. 380-389.
MAZARAKIS 1996 : A. Mazarakis Ainian, « Ανασκαφή Σκάλας Ωρωπού (1985-87, 1996) », *PAE* 1996, p. 21-124.
MAZARAKIS 1997 : A. Mazarakis Ainian, « Ανασκαφή Σκάλας Ωρωπού », *PAE* 1997, p. 47-77.
MAZARAKIS 1998 : A. Mazarakis Ainian, « Ανασκαφή Σκάλας Ωρωπού », *PAE* 1998, p. 51-81.
MAZARAKIS 2002 : A. Mazarakis Ainian, « Recent excavations at Oropos (northern Attica) », dans M. Stamatopoulou, M. Yeroulanou (éds), *Excavating Classical Culture. Recent Archaeological Discoveries in Greece*, Oxford 2002, p. 149-178.
MERITT 1935 : B. D. Meritt, « Inscriptions of Colophon », *AJP* 56 (1935), p. 358-397.
Milet I, 6 : A. von Gerkan, *Milet* I, 6, *Der Nordmarkt und der Hafen an der Löwenbucht*, Berlin 1922.
Milet I, 7 : H. Knackfuss, *Milet* I, 7, *Der Südmarkt und die benachbarten Bauanlagen*, Berlin 1924.
MILIADIS 1928 : I. Miliadis, « Ανασκαφή Αγρινίου », *PAE* 1928, p. 96-110.
MOLINIER 1914 : S. Molinier, *Les « Maisons Sacrées » de Délos au temps de l'Indépendance de l'île 315-166/5 av. J.-C.*, Paris 1914.
MONACO 2000 : M. Chiara Monaco, *Ergasteria. Impianti artigianali ceramici ad Athene ed in Attica dal protogeometrico alle soglie dell'ellenismo*, Studia Archeologica 110, Rome 2000.
MONTEIX 2011 : N. Monteix, « De « l'artisanat » aux métiers. Quelques réflexions sur les savoir-faire du monde romain à partir de l'exemple pompéien », dans N. Monteix, N. Tran (éds), *Les savoirs professionnels des gens de métier. Études sur le monde du travail dans les sociétés urbaines de l'empire romain*, Naples 2011, p. 7-26.
MORETTI 1998 : J.-Ch. Moretti, « L'implantation du théâtre d'Argos dans un lieu plein de sanctuaires », dans A. Pariente, G. Touchais (éds), *Argos et l'Argolide. Topographie et urbanisme, Actes de la table ronde internationale Athènes-Argos 28/4-1/5 1990*, Athènes 1998, p. 233-259.
MORETTI – FINCKER – CHANKOWSKI 2012 : J.-Ch. Moretti, M. Fincker, V. Chankowski, « Les cercles de Sôkratès : un édifice commercial sur l'Agora de Théophrastos à Délos » dans V. Chankowski, P. Karvonis (éds), *Tout vendre, tout acheter. Structures et équipement des marchés antiques, Actes du colloque d'Athènes, 16-19 juin 2009*, Bordeaux 2012, p. 225-246.
Olynthus II : D. M. Robinson, *Excavations at Olynthus* II. *Architecture and sculpture: Houses and other Buildings*, Baltimore 1930.
Olynthus VIII : D. M. Robinson, J. W. Graham, *Excavations at Olynthus* VIII. *The Hellenic House*, Baltimore 1938.
Olynthus XII : D. M. Robinson, *Excavations at Olynthus* XII. *Domestic and Public Architecture*, Baltimore 1946.

ORFANOU – KALETZI 1994 : V. Orfanou, D. Kaletzi, « Οδός Δωριέων 15 », *AD* 49 (1994), B1 Chron., p. 40-41.

ORLANDOS 1952 : A. Orlandos, « Ανασκαφή Σικυώνος », *PAE* 1952, p. 387-395.

ORLANDOS – TRAVLOS 1986 : A. Orlandos, I. Travlos, *Λεξικόν Αρχαίων Αρχιτεκτονικών Όρων*, Athènes 1986.

PALAIOKRASSA-KOPITSA 2011 : L. Palaiokrassa-Kopitsa, « Η αγορά της αρχαίας Άνδρου. Μορφή και δραστηριότητες », dans A. Giannikouri (éd.), *Η αγορά στη Μεσόγειο από τους ομηρικούς έως τους ρωμαϊκούς χρόνους. Διεθνές επιστημονικό συνέδριο. Κως, 14-17 Απριλίου 2011*, Athènes 2011, p. 311-326.

PALAIOKRASSA 2012 : L. Palaiokrassa, « The archaeological evidence from the agora of ancient Andros (Cyclades) », dans V. Chankowski, P. Karvonis (éds), *Tout vendre, tout acheter. Structures et équipement des marchés antiques, Actes du colloque d'Athènes, 16-19 juin 2009*, Bordeaux 2012, p. 23-35.

PAPAGELI 1991 : K. Papageli, « Οδός Ηρώων Πολυτεχνείου (Θηβών) (Ο.Τ. 150, οικόπεδο Χάκαλη) », *AD* 46 (1991), B1 Chron., p. 37-40.

PARLAMA – STAMBOLIDIS 2000 : L. Parlama, N. Stambolidis (éds), *Η πόλη κάτω από την πόλη. Ευρήματα από τις ανασκαφές του Μητροπολιτικού Σιδηροδρόμου των Αθηνών*, Athènes 2000.

PÉROUSE DE MONTCLOS 2002 : J.-M. Pérouse de Montclos, *Architecture. Méthode et vocabulaire*, Paris 2002.

PETRAKOS 1997 : V. Petrakos, *Οι επιγραφές του Ωρωπού*, Athènes 1997.

PETRIDIS 2004 : P. Petridis, « Βιοτεχνικές εγκαταστάσεις της πρώιμης βυζαντινής περιόδου στους Δελφούς », dans *Αρχαιολογικά τεκμήρια βιοτεχνικών εγκαταστάσεων κατά τη βυζαντινή εποχή. 5ος - 15ος αιώνας. Ειδικό θέμα του 22ου Συμποσίου Βυζαντινής και Μεταβυζαντινής Αρχαιολογίας και Τέχνης, Αθήνα 17-19 Μαΐου 2002*, Athènes 2004, p. 243-256.

PICARD 2006 : O. Picard, « Monétarisation et économie des cités grecques à la basse époque hellénistique : la fortune d'Archippè de Kymè », dans *Approches de l'économie hellénistique, Entretiens d'Archéologie et d'Histoire* 7, St. Bertrant-de-Comminges 2006, p. 85-119.

PLASSART 1916 : A. Plassart, « Fouilles de Délos exécutées aux fraise de M. le Duc de Loubat (1912-1913). Quartier d'habitations privées à l'est du stade », *BCH* 40 (1916), p. 145-256.

PREKA-ALEXANDRI 1992 : K. Preka-Alexandri, « A ceramic workshop in Figareto, Corfu », dans F. Blondé, J.-Y. Perreault (éds), *Les ateliers de potiers dans le monde grec aux époques géométrique, archaïque et classique. Actes de la Table Ronde organisée par l'École Française d'Athènes (2 et 3 octobre 1987), BCH Suppl.* XXIII, Paris 1992, p. 41-52.

PRÊTRE 2002 : Cl. Prêtre, M. Brunet, V. Chankowski, R. Étienne, Chr. Feyel, M.-Chr. Hellmann, J.-Ch. Moretti, H. Siard, Cl. Vial, *Études Épigraphiques* 4. *Nouveau choix d'inscriptions de Délos. Lois, comptes et inventaires*, Paris 2002.

Priene : Th. Wiegand, H. Schrader, *Priene. Ergebnisse der Ausgrabungen und Untersuchungen in der Jahren 1895-1898*, Berlin 1904.

RADT – ROMBOCK 1976 : W. Radt – U. Rombock, « Pergamon. Vorbericht über die Kampagne 1975 », *AA* 1976, p. 305-328.

RADT 1999 : W. Radt, *Pergamon. Geschichte und Bauten einer antiken Metropole*, Darmstadt 1999.

RHEIDT 1992 : K. Rheidt, « Die Obere Agora. Zur Entwicklung des hellenistischen Stadtzentrums von Pergamon », *IstMitt* 42 (1992), p. 235-285.

ROBERT 1984 : L. Robert, « Documents d'Asie Mineure », *BCH* 108 (1984), 457-532.

ROBERT 1987 : L. Robert, *Documents d'Asie Mineure*, Paris 1987.

ROBERTSON 1959 : D. S. Robertson, *A Handbook of Greek and Roman Architecture*, Cambridge 1959.

ROBINSON 1934 : D. M. Robinson, « Inscriptions from Olynthus, 1934 », *Transactions of the American Philological Association* 55 (1934), p. 104-137.

ROCCO – LIVADIOTI 2011 : G. Rocco, M. Livadiotti, « The agora of Kos : The Hellenistic and Roman phases », dans A. Giannikouri (éd.), *Η αγορά στη Μεσόγειο από τους ομηρικούς έως τους ρωμαϊκούς χρόνους. Διεθνές επιστημονικό συνέδριο. Κως, 14-17 Απριλίου 2011*, Athènes 2011, p. 383-423.

ROSTOVTSEFF 1941 : M. I. Rostovtseff, *Histoire économique et sociale du monde hellénistique*, Oxford 1941.
ROUSSEL 1915-1916 : P. Roussel, *Les cultes égyptiens à Délos du IIIe au Ier siècle av. J.-C.*, Paris 1915-1916.
RUMSCHEID 2010 : F. Rumscheid, *Priene. A Guide to the "Pompeii of Asia Minor"*, Istanbul 2010.
SAKELLARIOU 2007 : M. Sakellariou, « Η αρχή της πόλεως και την μόνιμης αγοράς στην ελληνική αρχαιότητα », *PAA* 82 (2007), p. 27-38.
SALLIORA-OIKONOMAKOU 1979 : M. Salliora-Oikonomakou, « Αρχαία Αγορά στο Λιμάνι Πασά Λαυρίου », *AD* 34 (1979), I Études, p. 161-173.
SALLIORA-OIKONOMAKOU 2004 : M. Salliora-Oikonomakou, *Ο αρχαίος δήμος του Σουνίου. Ιστορική και τοπογραφική επισκόπηση*, Athènes 2004.
SCHAAF 1992 : H. Schaaf, *Untersuchungen zu Gebäudestiftungen in hellenistischer Zeit*, Köln 1992.
SHEAR 1933 : T. L. Shear, « The Campaign of 1932 », *Hesperia* 2 (1933), p. 456-460.
SHEAR Jr 1969 : T. Leslie Shear Jr, « The Athenian Agora: Excavations of 1968 », *Hesperia* 38 (1969), p. 382-417.
SHEAR Jr 1971 : T. Leslie Shear Jr, « The Athenian Agora: Excavations of 1970 », *Hesperia* 40 (1971), p. 241-279.
SHEAR Jr 1973 : T. Leslie Shear Jr, « The Athenian Agora: Excavations of 1971 », *Hesperia* 42 (1973), p. 121-179.
SHEAR Jr 1975 : T. Leslie Shear Jr, « The Athenian Agora: Excavations of 1973 –1974 », *Hesperia* 44 (1975), p. 331-374.
SHEAR Jr 1984 : T. Leslie Shear Jr, « The Athenian Agora: Excavations of 1980-1982 », *Hesperia* 53 (1984), p. 1-57.
SIARD 2002 : Hélène Siard, « Travaux de l'École Française en Grèce en 2001 : Le Sarapieion C », *BCH* 126 (2002), p. 537-545.
SIARD 2003 : Hélène Siard, « Travaux de l'École Française en 2002 : Le Sarapieion C », *BCH* 127 (2003), p. 504-515.
SIGANIDOU – AKAMATI 1996 : M. Siganidou, M. Lilimpaki-Akamati, *Πέλλα. Πρωτεύουσα των Μακεδόνων*, Athènes 1996.
SKERLOU 1994 : E. Skerlou, « Οδός Στρατηγού Μακρυγιάννη (οικόπεδο Ελένης Τσιμισίρη, Κ.Μ. 3103) Ο.Τ. 69 », *AD* 49 (1994), B2 Chron., p. 784-786.
STAVROPOULOS 1965 : Ph. Stavropoulos, « Ξενοφώντος αριθ. 4 », *AD* 20 (1965), B1 Chron., p. 94-97.
Syll^3 : W. Dittenberger, *Sylloge inscriptionum graecarum*, 3e éd., Leipzig 1915-1924.
THOMPSON 1940 : H. A. Thompson, *The Tholos of Athens and its Predecessors, Hesperia Suppl.* IV, Maryland 1940.
THOMPSON 1959 : H. A. Thompson, *The Stoa of Attalos II in Athens*, Excavations of the Athenian Agora, Picture Book 2, Princeton 1959.
THOMPSON 1960 : H. A. Thompson, « Activities in the Athenian Agora : 1959 », *Hesperia* 29 (1960), p. 327-368.
TRAVLOS 1971 : J. Travlos, *Bildlexikon zur Topographie des antiken Athen*, Tübingen 1971.
TRÜMPER 1998 : M. Trümper, *Wohnen in Delos. Eine baugeschichtliche Untersuchung zum Wandel der Wohnkultur in hellenistischer Zeit*, Rahden/West., 1998.
TRÜMPER 2002 : M. Trümper, « Das Sanktuarium des « Établissement des Poseidoniastes de Bérytos » in Delos. Zur Baugeschichte eines griechischen Vereinheiligtums », *BCH* 126 (2002), p. 265-330.
VALLOIS 1944 : R. Vallois, *L'architecture hellénique et hellénistique à Délos jusqu'à l'éviction des Déliens (166 av. J.-C.)*, I *Les Monuments*, Paris 1944.
VALLOIS 1966 : R. Vallois, *L'architecture hellénique et hellénistique à Délos jusqu'à l'éviction des Déliens (166 av. J.-C.)*, II *Grammaire historique de l'architecture délienne*, Paris 1966.
VANDERPOOL 1938 : E. Vanderpool, « The Rectangular Rock-cut Shaft », *Hesperia* 7 (1938), p. 363-411.
VANDERPOOL 1946 : E. Vanderpool, « The Rectangular Rock-cut Shaft », *Hesperia* 15 (1946), p. 265-336.
VELENIS 1987 : G. Velenis, « Νεότερες έρευνες στα σπίτια των Πετρών », *AEMTh* 1 (1987), p. 9-22.

VELISSAROPOULOS 1977 : J. Velissaropoulos, « Le monde de l'*emporion* », *DHA* 1977, p. 61-85.

VELISSAROPOULOS 1980 : J. Velissaropoulos *Les nauclères grecs. Recherches sur les institutions maritimes en Grèce et dans l'Orient hellénisé*, Paris 1980.

VIDALE 2002 : M. Vidale, *L'idea di un lavoro lieve. Il lavoro artigianale nelle immagini della ceramica greca tra VI e IV secolo a.C.*, Padoue 2002.

WESCHER 1866: C. Wescher, « Découvertes archéologiques faites au Pirée », *RA* 1866, p. 349-358.

WESTGATE *et alii* 2007 : R. Westgate, N. Fischer, J. Whitley (éds), *Building Communities. House, Settlement and Society in the Aegean and Beyond, Proceedings of a Conference held at Cardiff University, 17-21 April 2001*, London 2007.

WILLIAMS – FISHER 1971 : Ch. K. Williams II, J. E. Fisher, « Corinth 1970 : Forum Area », *Hesperia* 40 (1971), p. 1-51.

WILLIAMS 1979 : Ch. K. Williams, « Corinth 1978 : Forum Southwest », *Hesperia* 48 (1979), p. 105-144.

WILLIAMS 1984 : C. Williams, « Hellenistic and Roman Buildings in the Medieval Walls of Mytilene », *Phoenix* 38 (1984), p. 31-76.

WINTER 2006 : F. E. Winter, *Studies in Hellenistic Architecture*, Toronto 2006.

YOUNG 1951 : R. S. Young, « An Industrial District of Ancient Athens », *Hesperia* 20 (1951), p. 135-288.

ZACHARIADOU – KYRIAKOU – BAZIOTOPOULOU 1985 : O. Zachariadou, D. Kyriakou, E. Baziotopoulou, « Σωστική ανασκαφή στον ανισόπεδο κόμβο Λένορμαν – Κωνσταντινουπόλεως », *AAA* 18 (1985), p. 39-50.

ZACHARIADOU – KYRIAKOU – BAZIOTOPOULOU 1992 : O. Zachariadou, D. Kyriakou, E. Baziotopoulou, « Ateliers de potiers à l'angle des rues Lénormant et de Constantinople (Rapport préliminaire) », dans F. Blondé, J.-Y. Perreault (éds), *Les ateliers de potiers dans le monde grec aux époques géométrique, archaïque et classique. Actes de la Table Ronde organisée par l'École Française d'Athènes (2 et 3 octobre 1987), BCH Suppl.* XXIII, Paris 1992, p. 53-56.

ZIMMER 2006 : G. Zimmer, « Handwerk auf der Agora – Eine notwendige Ergänzung », dans W. Hoepfner, L. Lehmann (éds), *Die griechische Agora, Bericht über ein Kolloqium am März 2003 in Berlin*, Mainz am Rhein 2006, p. 33-40.

ZIOMECKI 1975 : J. Ziomecki, *Les représentations d'artisans sur les vases antiques*, Bibliotheca Antiqua XIII, Warszawa, 1975.

Index des lieux

Index des mots grecs

Index des auteurs anciens

Index des inscriptions

Origine des illustrations

Figures 1, 2, 9, 11, 12, 14, 15, 17, 18, 22, 23, 25, 26, 27, 28, 29, 32, 34, 36, 37, 39, 40, 41 : Pavlos Karvonis.
Figure 3 : COULTON 1976, p. 260, fig. 86.
Figure 4 : MAZARAKIS-AINIAN 1997b, p. 26-27, fig. 15.
Figure 5: Alt-Smyrna I, fig. 30.
Figure 6: AKAMATIS 1992, p. 112, fig. 1.
Figure 7 : CAMP 1996, p. 237, fig. 3.
Figure 8 : SALLIORA-OIKONOMAKOU 1979, p. 165, fig. 2.
Figure 10 : SHEAR Jr 1975, p. 347, fig. 5.
Figures 13, 38, 45, 46 : GD 2005, Dépliants I, III, VII et V.
Figure 16 : *Agora* XXVII, fig. 14
Figure 19 : BOHN 1889, fig. 16.
Figure 20 : HUMANN-COHTE-WATZINGER 1904, Pl. II.
Figure 21, 44 : F. Rumscheid, *Priene. Führer durch das „Pompeji Kleinasiens“*, Constantinople 1998, p. 73, fig. 55 et fig. 30.
Figures 24, 30 : Irène Sanchez.
Figure 31 : CLARKE – BACON – KOLDEWAY 1902, p. 103, fig. 1.
Figure 33 : *AvP* XV 4, p. 46, fig. 5.
Figure 35 : *Corinth* I, IV, Pl. X.
Figure 42 : CAHILL 2002, p. 28, fig. 7.
Figure 43 : RADT 1999.
Figure 47 : CAMP 1998, p. 169, fig. 139.
Figure 48 : YOUNG 1951, p. 136, fig. 1.
Figure 49 : ANDERSON-STOJANOVIC 1996, p. 61, fig. 3